욕망의 기원

-본능이 부른 불안과 허영-

욕망의 기원

-본능이 부른 불안과 허영-

주)휴먼컬처아리랑

욕망의 기원

-본능이 부른 불안과 허영-

초판 1쇄 인쇄 2025년 9월 1일
초판 1쇄 발행 2025년 9월 5일

지 은 이 가은

발 행 인 이헌숙
디 자 인 (주)휴먼컬쳐아리랑 디자인팀
편 집 (주)휴먼컬쳐아리랑 편집팀
교정·교열 김선화

주 소 경기도 양평군 옥천면 용천로 37
문 의 •TEL 070-8866-2220 •FAX 02-784-4111
이 메 일 thethinkbook@naver. com
홈페이지 www. 휴먼컬처아리랑. kr

발 행 처 (주)휴먼컬쳐아리랑
출판등록 제 2009-000008호
등록 일자 20009년 12월 29일
등록 번호 132-81-87282

ISBN 979-11-6537-395-5 (03180)

저자 소개

| 가은

삶의 가장 어두운 지점에서 말과 책으로 희망의 불씨를 지피는 작가

1960년생인 이헌숙은 깊이 있는 사상가이자 문화예술경영학 박사다. 그의 호 '가은(街隱)'은 '거리에서 숨듯이 세상의 본질을 꿰뚫어 본다'는 뜻을 지닌다. 그 이름처럼 그는 표면 아래 감춰진 진실을 외면하지 않고, 세상을 움직이는 보이지 않는 힘 인간의 본능과 욕망을 정면으로 응시해 왔다.

특히 그는 고전 경제학의 아버지 아담 스미스의 통찰을 오늘의 현실 속에서 재해석하며, 인간의 감정과 욕망이 경제를 어떻게 움직이는지를

날카롭고도 따뜻하게 풀어낸다. 분석에 그치지 않고, 고통과 결핍, 그리고 그 속에서 피어나는 욕망의 에너지가 사회와 문명을 어떻게 변화시키는지를 성찰하는 그의 시선은 독보적이다. 이번 신작 『욕망의 기원』은 그가 오랫동안 파고든 인간 본성 탐구의 집대성이라 할 수 있다.

그의 대표 저서로는 『예술과 상상력』, 『칭찬하는 미스김』, 『한국의 이노베이션 칭찬에 있다』, 『칭찬터치』, 『2020 벼랑 끝에 선 노인들』, 『나는 왜 돈을 버는가?』, 『아담 스미스에게 배우는 경제와 행복의 본질』, 『패권의 비밀』 등이 있다. 또한 역사적 인물 유일한 박사의 삶을 그린 『조선의 참혹사를 건너온 유일한 박사』는 구한말과 일제강점기를 넘어선 기업가 정신과 독립에 대한 열망을 감동적으로 담아내, 뜨거운 반향을 일으켰다.

서문

욕망은 아름답지 않다

사람들은 욕망을 이야기할 때, 주로 그것을 성장과 발전의 원동력이라고 말한다. 더 나은 삶, 더 큰 세상, 더 많은 가능성을 열어준다고. 하지만 그 말은 절반만 진실이다.

욕망은 아름답지 않다. 그 뿌리는 탁하고, 이기적이며, 때로는 비겁하다. 남이 가진 것을 빼앗고 싶고, 내가 가진 것은 끝없이 쌓아두고 싶다. 남보다 앞서고 싶은 마음은 사실 남을 끌어내리고 싶은 마음과 한 몸이다. 우리는 이런 마음을 거의 드러내지 않는다. 대신 '노력'과 '꿈'이라는 깨끗한 단어 뒤에 감춘다.

욕망의 가장 깊은 곳에는 인간이 수치심 때문에 말하지 않는 진실이 있다. 그 진실은 우리가 살아남기 위해, 더 잘 먹기 위해, 더 좋은 짝을 차지하기 위해, 더 안전한 자리를 확보하기 위해 만들어졌다. 그것은 문명이 오기 전부터 우리 몸속에 새겨졌고, 문명이 고도로 발달한 지금도 변하지 않았다. 다만, 더 교묘해졌을 뿐이다.

이 책은 욕망의 빛나는 얼굴이 아니라, 그 그늘과 심연을 들여다본다. 누구나 느끼지만, 말하지 않는 것들. 남이 들으면 불쾌할 것 같아 숨겨왔던 감정들. 우리가 '사람답게' 보이기 위해 덮어둔, 그러나 결코 사라지지 않는 충동들.

욕망은 멈추지 않는다. 그것은 충족될수록 새로운 결핍을 만든다.

그리고 그 결핍이, 또 다른 욕망을 낳는다.

우리가 원하길 멈추지 않는 이유 그 더러운 기원과 꺼지지 않는 불씨를 지금부터 파헤친다.

목차

PART 1

욕망의 시작과 본능

chapter 1

욕망의 기원

왜 우리는 원하게 되었는가

아기가 세상에 나온 직후 터뜨리는 첫 울음. 그 짧고 날카로운 울음은 단순한 생리 현상이 아니다. 그것은 생존을 향한 최초의 외침이며, "나는 여기 있다"라는 선언이다. 그 순간 아기는 공기를 처음 들이마시며 폐를 팽창시키고, 작은 심장은 세상과 박자를 맞춘다. 작은 손은 허공을 움켜쥐고, 본능적으로 무언가를 붙잡으려 한다. 배고프면 울고, 추우면 울며, 품에서 떨어지면 온 힘을 다해 울어댄다. 그 울음 속에는 원시적이지만 절대 꺼지지 않는 불씨 같은 에너지가 숨겨져 있다. 인간은 태어난 순간부터 숨 쉬듯 '원하기'를 시작한다.

시간이 흐르며 이 '원함'은 변한다. 유아기의 욕망은 단순히 배를 채우고 몸을 보호받는 것에 머문다. 그러나 사춘기에 이르면 무대가 달라진다. 거울 앞에 서서 자신의 모습을 살피고, 친구들이 나를 어떻게 보는지 예민하게 반응한다. 멋진 옷, 최신 기기, 또래 속에서 주목받는 존재감이 필수가 된다. 그리고 성인이 되면 욕망은 더욱 정교하고 계산적으로 변한다. 타인의 시선, 사회적 지위, 안정과 성공이라는 이름의 보석으로 스스로를 장식하며, 그것이 나를 증명한다고 믿는다. 당신은 어린 시절, 처음으로 간절히 원했던 것이 무엇이었는가? 그것을 얻었을 때의 벅찬 감정과 곧이어 찾아온 새로운 바람을 떠올려 보라. 그 순간이 바로 욕망의 법칙이 작동하기 시작한 시점이다.

생물학적으로 욕망은 생존과 번식의 본능에서 뿌리내린다.

불이 없던 시절, 인류는 어두운 동굴과 황량한 평원 속에서 살았다. 사냥에 성공하면 나누기 전에 자신과 가족을 먼저 먹였다. 겨울을 나기 위해 가죽과 음식을 쌓아 두어야 했고, 방심은 곧 굶주림과 죽음을 불렀다.

강한 짝을 얻기 위해 치열하게 경쟁했고, 패자는 서열에서 밀려나 생존 기회를 잃었다. 오늘날 우리는 사냥 대신 취업 전쟁에 뛰어들고, 짝짓기 대신 사회적 짝과의 관계를 찾는다. 시대만 변했을 뿐, 본능의 회로는 그대로다.

신경과학은 이를 '도파민 보상 회로'로 설명한다. 음식, 돈, 사랑, 명예 무엇이든 대상은 다르지만 뇌는 같은 불을 켠다. 특히 갖기 전의 순간이 가장 강렬하다. 마치 사냥감을 추적하는 원시인의 심장처럼, 목표를 눈앞에 둔 순간 뇌는 최고조로 흥분한다. 그러나 목표를 달성하는 순간 도파민은 급격히 떨어지고, 그 자리를 허무와 공허가 채운다. 바로 이 과정이 '채워도 채워지지 않는 욕망'을 만든다.

심리학적으로 욕망은 결핍의 자각에서 시작된다. 부족함을 느끼는 순간 마음속에 빈틈이 생긴다. 배가 고프면 음식을, 추우면 불을, 인정받지 못하면 더 큰 목소리를 찾는다. 하지만 이 결핍은 완전히 사라지지 않는다. 오히려 한 번 충족된 욕망은 곧 새로운 욕망을 낳는다. 만족은 잠시이며, 그다음에는 더 큰 결핍이 우리를 기다린다. 마치 목마른 사람이 한 잔의 물을 마시고 나면, 더 시원하고 풍부한 물을 찾아 나서는 것처럼 말이다.

사회 속 욕망은 생존을 넘어 '위치'로 변했다.

원시 사회에서 높은 서열을 차지한 이는 더 많은 자원과 안전한 짝을 얻었다. 오늘날 직장과 사회도 크게 다르지 않다. 더 높은 직위, 더 많은 연봉, 더 넓은 영향력. 동료의 칭찬 한마디, 상사의 시선 한 번이 단순한 기분 전환이 아니라 나의 가치와 안전을 확인하는 신호가 된다. 사람들은 자리를 지키기 위해 관계를 조정하고, 경쟁자를 몰아내며, 자신이 가진 것을 방어하기 위해 또 다른 욕망을 만들어낸다. 그리고 여기서 한 번 물어보자. 당신이 지금 가진 욕망은, 스스로 선택한 것인가, 아니면 비교 속에서 강요된 것인가?

역사는 이 욕망이 만들어낸 전쟁과 몰락의 기록으로 가득하다. 트로이 전쟁은 한 여인을 차지하려는 욕망에서 시작됐고, 스페인의 아즈텍 제국 침략은 황금에 대한 탐욕이 불을 붙였다. 현대의 주식·부동산 거품, 금융 위기 또한 사람들의 결핍과 두려움을 자극하며 폭발했다. 거대한 제국의 몰락과 한 개인의 파산, 그 규모가 다를 뿐, 욕망이 폭주하는 과정은 놀라울 만큼 닮아 있다. 로마 제국은 지중해를 장악하고도 멈추지 못했고, 나폴레옹은 유럽을 손에 넣은 뒤에도 러시아 원정을 강행했다. 그 끝은 하나같이, 스스로의 무게에 짓눌린 몰락이었다. 이 패턴은 지금 우리의 삶 속에서도 계속되고 있다.

결핍은 불편함을 주지만 동시에 상상력과 창조성을 깨운다. 바퀴, 불, 언어, 음악, 건축, 예술 모두 결핍에서 태어났다. 그러나 이 창조의 불씨는 언제든 파괴로 번질 수 있다. 더 나은 것을 만들려는 욕망은 경쟁을 부르고, 경쟁은 갈등과 몰락을 낳는다. 발명가의 혁신은 다른 발명가의 생존을 위협하고, 새 제국의 탄생은 또 다른 제국의 몰락을 의미했다.

우리는 욕망을 '꿈'과 '목표', '희망'이라는 단어로 포장한다. 하지만 그 속을 들여다보면 원시적이고 이기적인 본질이 자리한다. 멋진 집을 원하며 그 이유를 안전과 편안함이라 말하지만, 더 깊이 파고들면 인정받고 싶은 갈망이 숨어 있다. 좋은 차를 원하며 효율성을 이야기하지만, 결국은 타인의 시선에 비친 '나'라는 이미지를 위해서다.

문제는 욕망이 결코 멈추지 않는다는 것이다. 얻은 것은 잃을까 봐 불안하고, 가지지 못한 것은 더 간절해진다. 만족은 순간이고, 결핍은 다시 고개를 든다. 그리고 이 끝없는 순환 속에서 인간은 스스로에게 질문을 던져야 한다. 나는 언제 멈출 것인가? 이어서 추가=불교의 가르침은 욕망을 없애려 하기보다 '비워내는 것'으로 답을 찾았다. 스토아 철학자들은 욕망을 끊으려 하지 않고, 이성을 통해 다스리는 길을 선택했다. 현대 뇌과학은 욕망의 불멸성을 도파민 회로로 설명하지만, 철학은 욕망의 방향을 바꿀 수 있다고 말한다. 결국 질문은 단순히 '멈출 수 있는가'가 아니라 '어떻게 멈추고, 어디에 머물러야 하는가'로 바뀐다.

욕망은 우리를 빛나게도, 무겁게도 한다. 그리고 우리는 그 무게를 평생 짊어지고 산다. 마지막 숨을 몰아쉬는 순간조차, 인간의 마음속 어딘가에서 이런 속삭임이 사라지지 않는다.

"아직… 더."

생물학적 기원

불 꺼진 골목길, 뒤에서 발자국 소리가 들리는 순간, 생각보다 몸이 먼저 반응한다. 심장이 폭발하듯 고동치고, 숨이 짧아지고, 손은 무언가를 움켜쥐려 한다. 이건 이성의 판단이 아니다. 수십만 년 전, 사자와 늑대가 사바나를 어슬렁거리던 시절에 이미 완성된 회로다. 우리 안의 가장 오래된 경보 시스템. 인간의 욕망을 움직이는 힘도 그 원시의 자리에서 시작된다. 살아남아야 한다는 절대 명령, 그리고 자신의 흔적을 다음 세대에 남기려는 끝없는 갈망. 이 두 불씨는 우리가 첫 숨을 들이쉴 때 점화되어, 마지막 숨을 내쉴 때까지 꺼지지 않는다. 다른 모든 욕망은 이 불씨에서 갈라져 나온 불꽃일 뿐이다.

고대 인류에게 생존이란 단순한 하루 버티기였다. 추위는 뼛속을 깨물었고, 배고픔은 살을 갉아먹었다. 사냥에서 돌아오면 고기는 가장 가까운 이에게 먼저 건넸고, 남은 것은 돌무더기 아래 숨겼다. 움막이나 동굴을 차지하면 결코 내주지 않았다. 그때의 움막이 오늘날의 아파트고, 불씨가 중앙난방이며, 숨겨둔 고기가 은행 잔고가 된 것뿐이다. 상황은 변했지만 본능의 명령어는 바뀌지 않았다. 코로나19가 퍼지자 사람들은 화장지와 식료품을 쓸어 담았고, 전쟁이 나자 곡물과 연료 비축이 시작됐다. 과학자들은 이를 '가상의 기근 메커니즘'이라 부른다. 보이지 않는 허기와 추위가 우리 안에서 끊임없이 미래를 위협한다.

안전 욕망은 생존 본능의 또 다른 얼굴이다. 폭풍우가 몰아치고, 맹수가 다가올 때, 원시 인류는 불씨를 끄지 않았고, 돌도끼를 손에서 놓지 않았다. 오늘날 우리는 맹수 대신 보이지 않는 적과 싸운다. 경제 불황, 전염병, 범죄, 정치 불안. 문을 잠그고, 경보기를 달고, 보험을 들고, 금을 사 모으는 우리의 행동은 동굴 안 불을 지키던 조상의 습성과 다르지 않다. 위협의 형태만 바뀌었을 뿐, 안전을 향한 갈증은 그대로다.

그리고 번식. 이 본능은 노골적이면서도 가장 교묘하다. 유전자는 자신을 복제하기 위해 끝없는 전략을 짠다. 원시 부족에서 가장 강한 사냥꾼이 많은 짝을 얻었듯, 오늘날의 매력 지표는 건강, 자원, 안정성이다. 근육질의 몸, 반짝이는 시계, 세련된 말투, 안정된 수입은 현대판 짝짓기 깃털이다. 우리는 사랑을 낭만으로 포장하지만, 그 깊은 밑바닥에서는 건강한 아이를 낳고, 기를 수 있는 가능성을 계산한다. 심지어 목소리의 울림, 걸음걸이, 체취까지도 유전자의 전략이다. 사랑의 시작은 감정처럼 보이지만, 그 뒤에는 본능의 각본이 있다.

생존과 번식은 결코 따로 존재하지 않는다. 살아남아야 번식할 수 있고, 번식이 끊기면 유전자의 생존도 끝난다. 이 두 축이 맞물리며 인류는 불을 만들고, 사냥 도구를 만들고, 언어를 만들었다. 부와 명예는 안전과 번식을 위한 방패였고, 예술과 철학조차 매력과 영향력을 보여주는 깃발이었다. 환경이 변하면 본능은 새로운 옷을 입는다. 사냥터는 시장이 되고, 동굴은 아파트가 되고, 부족 전쟁은 기업 전쟁이 된다. 그러나 싸움의 본질은 변하지 않았다. 우리는 여전히 더 좋은 집, 더 안전한 재산, 더 매력적인 외모를 원한다. 비교와 경쟁은 원시 시대에서 디지털 시대까지 이어진 가장 긴 그림자다.

이 두 불씨는 인류를 위대하게 만들었다. 생존 욕망은 불가능한 상황에서도 길을 찾게 했다. 극지방의 추위, 사막의 열기, 태풍 속의 섬에서도 인간은 살아남았다. 번식 욕망은 문명과 예술, 과학을 낳았다. 사랑받기 위한 경쟁은 음악과 시, 건축과 그림을 만들었고, 부를 얻기 위한 경쟁은 기술 혁신을 이끌었다. 그러나 이 불씨가 통제되지 않을 때, 인류는 전쟁과 약탈, 착취와 파괴로 향했다. 본능은 방향이 없는 에너지다. 우리가 어떻게 쓰느냐에 따라 불씨는 빛을 내거나, 모든 것을 태워버린다.

결국, 생존과 번식 본능은 저주가 아니라 도구다. 불을 발견한 인류가 그것으로 빵을 구울지, 아니면 집을 태울지 선택하듯, 우리는 본능을 창조와 보존을 위해 쓸 수도, 파괴와 소모를 위해 쓸 수도 있다. 본능은 결코 사라지지 않는다. 그러나 우리가 그것을 이해하고 다룰 때, 본능은 우리를 조종하는 실이 아니라, 우리가 쥐고 있는 나침반이 된다.

그리고 마지막 순간에도, 이 불씨는 꺼지지 않을 것이다. 눈을 감는 그 찰나에도 속삭일 것이다.

"아직… 더. 더 살아남고, 더 남기고, 더 불타고 싶다."

그 욕망이야말로 인류가 쓰는 가장 오래된 언어이며, 앞으로도 사라지지 않을 문장이다.

심리적 기원

심리학적으로 욕망은 결핍의 자각에서 시작된다. 부족함을 느끼는 순간, 마음속에 보이지 않는 균열이 생기고, 그 틈새는 강렬한 흡입력을 발휘한다. 배가 고프면 음식, 추우면 불, 인정받지 못하면 더 큰 목소리를 찾는다. 그러나 이 결핍은 완전히 사라지지 않는다. 잠시 채워지면, 그 위에 더 큰 결핍이 모습을 드러낸다. 만족은 순간이고, 그다음에는 새로운 허기가 우리를 기다린다.

결핍은 불편함을 주지만, 동시에 상상력과 창조성을 깨우는 기폭제다. 바퀴, 불, 언어, 음악, 건축, 예술 모두 결핍에서 태어났다. 하지만 이 불씨는 언제든 파괴로 번질 수 있다. 더 나은 것을 만들려는 욕망은 경쟁을 부르고, 경쟁은 갈등과 몰락을 낳는다. 발명가의 혁신은 다른 발명가의 생존을 위협하고, 새 제국의 탄생은 또 다른 제국의 몰락을 뜻했다.

인간은 결핍을 감지하는 순간, 뇌 깊은 곳에서 비상경보를 울린다. 이 신호는 단순한 "갖고 싶다"가 아니라 "지금 당장 움직여라"라는 생존 명령이다. 변연계와 편도체가 관여하는 이 반응은 원시 인류 시절부터 이어져 온 메커니즘이다. 당시 결핍을 제때 인식하지 못하면 굶어 죽거나, 공동체의 울타리 밖으로 밀려나 맹수의 위협에 노출됐다. 결핍에 신속히 반응하는 성향은 그렇게 살아남은 자들의 DNA에 새겨졌다.

오늘날 우리는 동굴 대신 아파트에 살고, 사냥 대신 마트에 간다. 하지만 결핍 감지 시스템은 여전히 민감하게 작동한다. 다만 결핍의 대상이 변했을 뿐이다. 배고픔 대신 성취의 부족, 추위 대신 관계의 불안, 맹수 대신 명예와 지위의 흔들림이 결핍으로 느껴진다. SNS에서 '좋아요' 숫자가 줄면 뇌는 실제 위협처럼 반응한다. 심장이 미묘하게 빨라지고, 도파민 분비가 줄어 불안이 스며든다. 친구가 승진하면 뇌는 사회적 자원인 지위가 위협받았다고 판단한다. 원시 본능은 스마트폰 화면 속에서도 그대로 발동한다.

결핍이 포착되면 뇌는 보상 회로를 작동시킨다. 목표를 달성하면 도파민이 분출돼 쾌감을 준다. 그러나 이 쾌감은 오래가지 않는다. 진화심리학자들이 '쾌락 적응(hedonic adaptation)'이라고 부르는 현상 때문이다. 원시 시대에는 먹이를 얻은 뒤에도 곧바로 다음 사냥감을 찾아야 했기에 만족을 오래 느끼지 않는 것이 유리했다. 이 메커니즘이 현대에는 과도하게 작동한다. 승진을 해도, 새 집을 사도, 여행에서 돌아와도 만족은 금세 줄어든다. 뇌는 결핍을 없애기보다, 결핍을 지속시켜 움직이게 하는 데 특화돼 있다.

심리학자 대니얼 길버트는 이렇게 말했다.

> "인간은 자신이 경험하는 쾌락에 금방 익숙해지는 존재다. 이것은 새로운 욕망을 계속 만들어내는 비극이자, 동시에 진보의 원동력이다."

비교는 결핍을 증폭시킨다. 원시 부족 시절에는 다른 이의 사냥감이나 짝을 관찰하는 것이 생존 정보였다. 오늘날 비교의 범위는 전 세계다. 우리는 실시간으로 타인의 부, 외모, 성취를 확인한다. 한 청년이 월

500만 원을 벌고도 만족하지 못하는 이유는, 그의 SNS 피드에 억대 연봉자의 삶이 '기준'처럼 자리 잡았기 때문이다. 뇌는 절대적 안전보다 상대적 위치에 더 집착한다.

더 흥미로운 것은 뇌가 '실제 결핍'보다 '예상 결핍'에 더 강하게 반응한다는 점이다. 행동경제학 연구에 따르면 사람들은 잃을 가능성에 훨씬 민감하다. '손실 회피' 경향은 실제 손실보다 두 배 강하다. 그래서 통장 잔고가 줄기 전에 불안해하고, 관계가 악화되기 전에 거리를 둔다. 상상 속 결핍이 현실의 부족보다 강력하게 행동을 이끄는 셈이다.

대니얼 카너먼은 이렇게 지적했다.

> "인간의 가장 큰 두려움은 현재의 상태를 잃는 것이다. 가진 것을 지키려는 욕망은 새로운 것을 얻으려는 욕망보다 훨씬 강하다."

역사 속 문명 변혁에도 이 결핍 심리가 작동했다. 산업혁명기의 런던, 매캐한 연기가 감도는 거리를 노동자들이 무거운 발걸음으로 걸어간다. 하루 12시간 기계 앞에 서 있다 돌아오면, 식탁에는 빵과 맥주뿐이다. 그러나 옆 골목 공장주는 마차를 타고 오페라 극장으로 향한다. 그 장면을 본 순간, 노동자의 가슴 속에서 불씨가 일어난다. 단순한 불평이 아니라 '나도 저 자리에 가야 한다'는 절박함. 이 결핍감은 노동 운동과 사회 개혁으로 번져 정치 구조를 바꿨다. 르네상스 시대 예술가들도 후원 경쟁에서 느끼는 결핍 덕분에 걸작을 남겼다.

현대의 시장도 이 심리를 정밀하게 이용한다. 광고는 '당신에게 없는 것'을 부각하며, 구매를 통해 결핍을 메울 수 있다고 속삭인다. 한정판 마케팅은 '곧 사라질지도 모른다'는 예상 결핍을 자극한다. 블랙프라이데이 아침, 상점 앞에서 추위에 떨며 줄을 서 있는 사람들. 그들의 손에는 이미 쇼핑 목록이 빼곡하다. 살지 않으면 손해라는 불안이 필요 없는 물건까지 장바구니에 담게 만든다.

그러나 결핍은 양날의 검이다. 채우려는 충동은 성취를 낳지만, 평생을 피로하게 만든다. 많은 성공한 인물들이 전성기에도 만족하지 못하고 무리한 확장을 하다 몰락한 이유가 여기에 있다.

2008년 금융위기 직전, 미국의 대형 투자은행들은 이미 막대한 이익을 내고 있었지만, '다음 분기'의 결핍을 예상하며 더 위험한 투자를 감행했다. 예상된 결핍이 현실을 무너뜨린 것이다.

문학은 이 함정을 거듭 그려왔다. 톨스토이의 『이반 일리치의 죽음』 속 주인공은 평생 사회적 인정과 지위를 좇았으나, 죽음을 앞두고 진정한 만족을 느낀 적이 없음을 깨닫는다. 결핍의 사슬에서 벗어나지 못한 채 생을 마감한 것이다.

결국 결핍 인식과 이를 메우려는 충동은 문명을 발전시킨 원동력이자, 삶을 끝없는 경쟁으로 몰아넣는 덫이다. 결핍은 우리를 살렸지만, 언제든 우리를 삼킬 수도 있다. 살아 있는 한, 이 동반자는 우리를 앞으로만 밀어붙인다. 멈춰 설 용기 없이는, 우리는 결핍의 속도를 따라 달리다 숨이 끊어질 것이다.

사회적 서열·인정·지위 확보

사회 속 욕망은 단순히 살아남는 것을 넘어 '위치'를 차지하려는 방향으로 진화했다. 원시 사회에서 높은 서열을 차지한 이는 더 많은 자원, 더 안전한 짝, 더 나은 보호를 얻었다. 오늘날의 직장과 사회도 크게 다르지 않다. 더 높은 직위, 더 많은 연봉, 더 넓은 영향력이 모든 것이 생존과 번식의 변형된 표현이다.

동료의 칭찬 한마디, 상사의 시선 한 번은 단순한 기분 전환이 아니라, 내 안전과 가치가 보장되고 있다는 신호다. 사람들은 이 위치를 지키기 위해 관계를 조율하고, 경쟁자를 몰아내며, 자신이 가진 것을 방어하기 위한 또 다른 욕망을 만들어낸다.

역사는 이러한 욕망이 만들어낸 전쟁과 몰락의 기록으로 가득하다.

트로이 전쟁은 한 여인을 차지하려는 욕망에서 시작됐고, 스페인의 아즈텍 제국 침략은 황금에 대한 탐욕이 불을 붙였다. 현대의 주식·부동산 거품, 금융 위기 또한 사람들의 결핍과 두려움을 자극하며 폭발했다. 무대는 바뀌었지만, 동력은 같다.

인간이 작은 무리를 넘어 수십, 수백 명의 집단을 이루기 시작한 순간, 생존과 번식의 규칙은 사냥터에서 사회 무대로 옮겨졌다. 사냥 실력이나 거처 하나만으로는 더 이상 안전을 보장받을 수 없었다. 집단 안에서의 '서열'이 모든 것을 결정했다. 높은 서열은 더 많은 자원, 더 안전한 잠자리, 더 많은 짝을 의미했고, 낮은 서열은 기근이나 전염병이 닥칠 때 가장 먼저 희생되는 자리에 해당했다.

몽골 초원의 유목민 부족은 겨울 폭설이 닥치면 가축이 급속히 죽어나갔다. 이때 부족 중심부에 목초지를 배정받은 고위 서열 가문은 가축을 지켰지만, 변두리로 밀린 하위 서열 가문은 절반 이상을 잃었다.

서열은 단순한 명예가 아니라 다음 계절까지 살아남을 확률을 결정짓는 생명 줄이었다.

인류학자 크리스토퍼 보엠의 연구는 초기 수렵채집 사회에서 서열이 단순한 힘의 서열이 아니었음을 보여준다. 뛰어난 사냥꾼이라도 사냥감을 독점하거나 동료를 위험에 빠뜨리면 지도자가 될 수 없었다. 신뢰, 공정성, 위기 대처 능력이 서열의 핵심 기준이었다. 현대의 리더십 이론이 강조하는 '신뢰 구축'과 '위기 관리 능력'이 이미 수만 년 전부터 생존 조건이었다는 이야기다. 심리학자 존 볼비는 이렇게 말했다.

> "인간은 고립될 때 가장 큰 공포를 느낀다. 사회적 지위는 무리 속에서 안전하게 속해 있다는 증거였다."

농경사회가 시작되면서 서열은 물리적 힘보다 자원 통제력과 인정 욕구로 강화되었다. 수확량이 많은 농부는 곡식을 저장할 뿐 아니라 잉여 생산물을 나누며 '은혜'를 베풀었다. 마을 잔치를 열어 존경을 얻고, 혼례 때는 화려한 의복과 장신구로 집안의 번영을 과시했다. 이는 생존에 직접 필요하지 않은 행동이었지만, '사회적 투자'로서 다음 세대의 혼인과 동맹에 결정적 영향을 미쳤다.

문명이 발달하면서 지위 확보 욕구는 점점 시각적 상징으로 표현되었다.

고대 이집트의 피라미드, 로마 제국의 개선문과 원형경기장, 조선 시대 양반의 곤룡포와 가마 행렬은 단순한 장식이 아니었다. 그것들은 "나는 너희와 다르다"는 메시지를 대중의 뇌리에 각인시키는 심리적 무기였다.

사회학자 에밀 뒤르켐이 말한 '집단 표상(Collective Representation)'은 집단이 공유하는 상징 체계가 개인의 지위를 규정한다는 것으로 이 현상을 잘 설명한다.

스탠퍼드대 로버트 새폴스키 교수의 연구는 서열이 심리적 만족을 넘어 생물학적 이득까지 준다는 사실을 보여준다. 바분 무리에서 높은 서열 수컷은 낮은 서열보다 스트레스 호르몬 코르티솔 수치가 낮고 상처 회복 속도가 빠르며 수명도 길었다. 인간 사회에서도 높은 지위는 더 좋은 영양, 안전한 환경, 나은 의료 접근을 보장한다. 우리의 뇌는 수만 년 동안 "지위 상승=생존 확률 상승"이라는 공식을 학습해왔다. 승진, 연봉 인상, 명문 학벌 같은 '지위 지표'에 집착하는 것은 단순한 허영이 아니라 생존 본능의 발현이다.

그러나 서열 경쟁은 끝이 없다. 서열은 절대적이지 않고 상대적이기 때문이다. 부족에서 최고가 되어도, 연합 부족 회의에서는 중간이 될 수 있다.

현대 사회에서도 작은 도시에서 부자가 된 이는 대도시로 가서 다시 경쟁을 시작한다. 기업의 임원이 된 사람도 산업 전체의 서열 속에서는 또다시 평가받는다. 우리는 더 큰 무대를 향하고, 그곳에서도 한 단계 더 높은 자리를 원한다.

흥미롭게도 경쟁 속에서 '겸손'조차 전략이 된다. 자원을 독점하고 과시하면 집단의 반감을 산다. 반대로 나누는 태도는 '신뢰할 수 있는 사람'이라는 이미지를 만들어 장기적으로 더 많은 지지를 얻게 한다. 로마의 카이사르가 대중목욕탕에 서민과 함께 나타난 일, 조선의 정조가 서민 복식으로 시장을 순시한 일은 단순한 소통이 아니라 권력 유지 전략이었다. "나는 너희와 다르지만, 너희와 함께한다"는 메시지를 던진 것이다.

현대 사회에서 서열과 지위는 점점 '상징 자본'으로 이동했다.

사회학자 피에르 부르디외는 자본을 경제 자본(돈), 사회 자본(네트워크), 문화 자본(교양·취향)으로 나눴는데, 현대 사회에서 문화 자본이 새로운 서열 지표가 되고 있다. 명문대 졸업장, 고급 예술 감식안, 특정 취향의 소비 경험이 여기에 속한다. SNS에 올라온 여행 사진 한 장, 파티 초대 사진 한 컷이 즉각적인 서열 판단 자료가 된다. 하루에도 수십 번, 우리는 눈에 보이지 않는 사다리를 오르내린다.

디지털 시대의 인정 욕구는 속도가 전례 없이 빨라졌다. 팔로워 수, '좋아요' 수, 댓글의 질이 한 사람의 사회적 가치를 평가하는 새로운 척도가 됐다. 이는 뇌의 보상 회로를 자극해 강한 중독을 일으킨다. '디지털 서열'은 물리적 위험을 수반하지 않지만, 자존감과 심리적 안정에 치명적인 영향을 준다. 유튜브 조회수가 줄거나 SNS 반응이 감소하면, 뇌는 실제로 '자원 손실'로 인식해 불안을 유발한다.

결국 인정 욕구와 지위 확보의 본능은 원시 시대의 생존 전략이 현대 사회의 복잡한 무대에 맞춰 변형된 것이다. 원시 사회에서 존경받는 사람은 전쟁과 기근에서 더 많은 지원을 받았다. 현대 사회의 존경받는

사람은 위기 상황에서 더 넓은 네트워크와 자원을 동원할 수 있다. 철학자 헤겔의 말처럼,

> "인간은 물질을 소유해서가 아니라, 다른 사람에게 인정받음으로써 행복을 느낀다."

우리가 돈과 명예를 좇는 이유는, 결국 생존과 안전, 그리고 다음 세대를 위한 안정적 환경을 만들기 위함이라는 불편한 진실과 맞닿아 있다. 서열·인정·지위 확보라는 욕망은 단순한 허영이 아니라, 생물학적 명령이 사회적 무대에서 변형된 형태다.

우리는 타인의 시선 속에서 위치를 확인하고, 그 위치를 유지하거나 높이기 위해 끊임없이 움직인다. 그리고 집단을 이루어 사는 한, 이 본능은 결코 멈추지 않는다. 문제는 이 끝나지 않는 욕망을 어떻게 길들이고, 긍정적인 방향으로 돌릴 수 있느냐이다. 그 해답은 다음 절로 이어진다.

인간은 부족해서가 아니라, 있어도 더 가지려 욕망한다.

인간은 '없어서' 욕망하는 것이 아니라, '있어도 더 가지려고' 욕망한다.

당신이 오늘 아침 눈을 떴을 때, 머릿속을 가장 먼저 스친 것은 무엇이었는가? 이미 가진 것에 대한 감사였는가, 아니면 아직 갖지 못한 것에 대한 갈망이었는가? 인간은 결핍이 채워진 순간 멈추지 않는다. 생존을 위협하던 최소한의 부족이 해결되면, 우리는 안도하는 대신 그 위에 새로운 욕망을 쌓는다. 이 욕망은 단순한 생존의 연장선이 아니라 비교와 과시, 지배의 영역으로 변모한다. 한때는 목숨을 지키기 위해 움켜쥐던 곡식 한 줌이 전부였던 시절이 있었다. 그러나 창고가 가득 차고 겨울을 무사히 넘길 수 있게 되자, 사람들은 더 많은 곡식을 쌓으려 하고, 더 넓은 땅을 차지하며, 더 많은 사람 위에 서고자 했다. 이미 충분히 가진 상태에서도 더 가지려는 이 본능은 문명과 기술의 진보를 이끈 원동력이었지만, 동시에 수많은 몰락과 파국을 초래했다.

역사는 이 법칙을 거슬러 성공한 사례가 극히 드물다는 것을 보여준다.

지중해 세계를 장악한 로마 제국은 만족하지 않았다. 브리튼과 게르마니아로 진출하며 세력을 넓혔지만, 그 과도한 확장은 국력을 소모시키고 내부 분열을 가속화했다. 개선문 아래에서 터져 나오던 환호는 오래가지 않았다. 원로원 안에서는 이미 다음 전쟁에 대한 논의가 시작되었고, 전쟁은 제국의 재정과 민심을 함께 갉아먹었다. 외부의 적보다 무서운 것은 내부의 욕망이었다.

제국은 스스로의 무게에 짓눌려 균열이 생겼고, 그 틈으로 몰락이 스며들었다. 칭기즈 칸의 후계자들도 마찬가지였다. 이미 유라시아 대륙을 잇는 광대한 영토를 차지하고 있었지만, 더 많은 정복을 위해 끊임없이 전쟁을 벌였다. 결국 제국은 네 갈래로 찢겼고, 각 칸국은 서로를 향해 칼을 겨누었다. 정복의 끝은 승리가 아니라 분열과 피로였다. 나폴레옹 역시 유럽 대부분을 손에 넣은 뒤에도 만족하지 못했다. 그는 러시아 원정을 강행했지만, 혹한과 보급 실패로 대군은 궤멸했다. 전장의 대포는 멈췄지만, 얼어붙은 들판 위에서 굶주림과 추위가 병사들을 삼켰다. 귀환한 나폴레옹의 손에 남은 것은 왕관이 아니라 폐허와 허무였다. 이들의 공통점은 외부의 공격이 아니라, 멈추지 못한 스스로의 욕망에 무너졌다는 사실이다.

근대와 현대에도 이 패턴은 끊임없이 반복되었다.

20세기 초 월스트리트의 전설적인 금융인 찰스 미첼은 이미 막대한 부를 쌓았음에도 더 큰 시장 지배를 꿈꾸었다. 그는 무리한 투기와 불법 거래를 감행했고, 대공황의 소용돌이 속에서 모든 것을 잃었다. 그를 무너뜨린 원인은 자원의 부족이 아니라, 이미 가진 것을 지키지 못하게 만드는 확장욕이었다.

세계적 에너지 기업 엔론은 시장 지배력을 확보하고도 더 큰 실적과 주가를 위해 회계를 조작했다. 결과는 파산이었다. 거대한 빌딩의 대리석 로비를 가득 메우던 임직원들의 발걸음은 몇 주 만에 흩어졌다. 필름 시장을 지배하던 코닥 역시 디지털 혁명을 장악하려는 욕심에 사로잡혀 변화의 타이밍을 놓쳤다. 필름이 쌓인 창고는 곧 고철 창고로 변했고, '코닥 모멘트'라는 말은 더 이상 찬사의 표현이 아니게 됐다.

문화와 스포츠계도 예외가 아니다. 최고의 자리에 오른 스타들이 더 큰 자극과 쾌락을 좇다가 추락하는 이야기는 수없이 많다.

세계적인 골프 선수 타이거 우즈는 전성기에도 멈추지 못한 사생활 스캔들로 명성과 커리어에 깊은 상처를 입었다. 그는 기술도, 재능도, 명성도 이미 최정상에 있었지만, 만족하지 못했다. 예술가들 또한 명작을 완성한 순간에도 새로운 명작을 갈망하며 스스로를 극한까지 몰아붙인다. 창작의 불꽃은 문명을 빛나게 하지만, 경계 없는 집착은 창작자 자신을 태우는 불이 된다.

이 욕망의 역설은 평범한 일상 속에도 깊숙이 스며 있다. SNS가 확산되면서 우리는 다른 사람의 화려한 삶을 실시간으로 접한다. 그 결과, 자신이 가진 '충분함'에 만족하지 못하게 된다. 명품 가방 하나를 가지면 그보다 더 비싼 가방을 원하고, 넓은 집에 살면서도 더 넓은 집을 꿈꾼다. 인플루언서들은 이미 상당한 명성과 수입을 가지고도 더 많은 '좋아요'와 팔로워를 얻기 위해 사생활을 희생하고 자극적인 콘텐츠를 만들어낸다. 우리는 결핍에서 출발하지만, 풍요 속에서도 결코 멈추지 않는다. 대니얼 카너먼은 "만족은 절대적 수준이 아니라 상대적 위치에서 나온다"고 말했다. 옆 사람이 더 가지면 결핍감을 느끼고, 자신이 더 가지면 만족을 느낀다.

철학자 쇼펜하우어 역시 "욕망은 결코 끝나지 않는다. 충족은 새로운 결핍을 낳고, 만족은 새로운 욕구의 출발점일 뿐"이라고 했다.

경제학의 '쾌락의 쳇바퀴(Hedonic Treadmill)' 이론은 이를 과학적으로 설명한다. 더 큰 집을 사면 곧 더 큰 집을 꿈꾸고, 더 높은 직위를 얻으면 곧 다음 직위를 욕망한다. 이 순환은 진보와 혁신을 낳지만, 동시에 소진과 피로를 축적한다. 욕망의 크기를 키우는 일은 쉽지만, 그 속도를 늦추는 일은 의식적인 훈련 없이는 불가능하다.

욕망이 반드시 악은 아니다. 그것은 문명을 발전시키고, 기술을 혁신하며, 예술을 풍요롭게 한 힘이기도 했다. 그러나 경계 없는 확장으로 흐르면 파멸로 향한다.

프랑스 철학자 파스칼은 "인간은 자신이 가진 것을 즐길 줄 모르고, 가지지 못한 것을 위해 괴로워한다"고 했다. 부족해서가 아니라, 이미 가진 것을 충분히 느끼지 못해 더 가지려 하고, 그 과정에서 소중한 것을 잃어버리는 것이 욕망의 역설이다. 중요한 것은 욕망을 없애는 것이 아니라, 그 속도를 조절하고 방향을 설정하는 것이다. 장바구니에서 하나를 빼는 것, 하루 한 번은 휴대폰을 침대 밖에 두고 자는 것, 대화에서 한 번 덜 말하는 것, 이런 사소한 멈춤이 거대한 방향 전환의 씨앗이 된다.

결국 중요한 질문은 "무엇을 더 가질 것인가?"가 아니라 "어디서 멈출 것인가?"이다. 멈춤의 지점을 알 때, 우리는 쾌락의 쳇바퀴에서 내려와 현재를 즐길 수 있다. 욕망을 성장의 연료로 삼되, 그것이 폭발물이 되지 않도록 경계선을 그어야 한다. 이 책이 던지는 메시지는 분명하다.

우리는 끊임없이 '더'를 외치며 살아가지만, 진정한 부유함은 '덜'을 선택할 수 있는 여유에서 나온다. 욕망을 제어할 줄 아는 사람만이 삶을 파괴하지 않고 풍요롭게 만들 수 있다. 그리고 어쩌면, 그 '덜'을 선택하는 용기가야말로 인류가 다음 장으로 넘어갈 수 있는 가장 오래된 비밀일지도 모른다.

chapter 2

굶주림의 그림자

결핍이 만든 상상력과 창조성

얼어붙은 손가락으로 부싯돌을 긁는 원시인, 목마른 사막에서 바닥까지 말라버린 우물 속을 들여다보는 고대인, 공습 속에서도 불빛 하나를 붙잡고 실험을 이어가는 과학자. 인류의 위대한 발명과 예술은 대개 이렇게 절박한 순간에서 태어났다.

결핍은 단순한 불편이 아니라, 생존과 변화를 요구하는 경고음이었다. 그 신호를 무시하면 죽음이 기다렸고, 반응하면 새로운 가능성이 열렸다. 그러나 결핍이 탐욕으로 변할 때, 창조의 불씨는 순식간에 파괴의 불길로 번졌다.

에디슨은 전구를 발명한 뒤 특허를 독점해 경쟁자를 몰아냈고, 스마트폰 혁신을 이끈 기업들은 시장 지배력을 지키기 위해 끝없는 특허 전쟁에 뛰어들었다. 창조와 파괴는 이렇게 한 걸음 차이에 있었다.

인류의 역사는 부족함을 메우려는 발버둥의 연속이었다. "오늘의 굶주림은 식탁이 아니라 화면에서 자란다. 추천 알고리즘은 나보다 나를 먼저 알고, 결핍 신호를 미세하게 키운다. 소셜 피드의 비교, 한정판 경고, 오늘만 할인 같은 문구가 욕망을 깨운다. 그러니 의지보다 설계를 먼저 바꿔야 한다. 자동이체를 월초로 옮겨 나에게 먼저 지불하고, 큰 결제에는 24시간 냉각 시간을 둔다. 즉시 구매 버튼을 홈 화면에서 치우고, 장바구니에는 하룻밤을 재운다. 설계는 감정과 싸우지 않고 시간을 벌어 준다. 시간이 생기면 판단이 돌아오고, 판단이 돌아오면 방향이 선다." 혹한 속에서 불이 없으면 살아남을 수 없었기에 불을 피우는 기술이 나왔고, 어둠 속에서도 사냥하기 위해 횃불과 돌촉 화살이 고안됐다. 멀리 있는 먹이를 얻기 위해 창과 활이 발명됐고, 강 건너 자원을 차지하기 위해 뗏목과 배가 떠올랐다. 사막에서는 물 부족을 해결하기 위해 깊은 우물이 파였고, 비옥한 땅이 모자라자 관개 기술이 탄생했다. 이런 발명들은 풍족함 속에서는 결코 나오지 않았다. 살아남아야만 하는 절박함이 창조의 뿌리였다. '필요가 발명의 어머니'라는 말은 단순한 격언이 아니라 인류 생존의 공식이었다.

결핍의 순간은 감각적으로 강하게 각인된다. 입김이 허공에 하얗게 번지고 손끝이 얼어붙을 때, 사람은 불씨 하나에 모든 희망을 건다. 사냥감을 놓쳐 허기가 등골을 타고 오르면 단순한 배고픔이 아니라 '죽음이 가까워진다'는 경보가 울린다. 결핍은 이렇게 오감을 자극하며 뇌를 압박하고, 새로운 해결책을 찾아내도록 채찍질한다.

결핍은 기술뿐 아니라 상상력도 자극한다. 직접적인 해결책 추위에는 옷을 더 두껍게, 굶주림에는 저장 기술뿐 아니라, 완전히 다른 가치를 창조하는 대체 상상력도 태어난다. 사치품을 살 수 없는 사람은 손수 장식을 만들어 독창적인 멋을 만들고, 자원이 부족한 공동체는 노동과 시간을 교환하는 새로운 거래 문화를 만든다. 결핍은 문제 해결의 방향뿐 아니라 가치관과 사회 구조까지 재창조한다.

역사적으로 위대한 발명과 예술은 풍요보다는 위기 속에서 더 많이 나왔다.

르네상스는 중세 말의 경제 압박과 사회 혼란 속에서 피어났고, 20세기의 주요 기술 혁신은 전쟁과 자원 부족의 극한 상황에서 탄생했다.

제2차 세계대전 중에는 고무와 석유 부족이 인공 고무와 합성 연료를 만들었고, 식량난은 대량 생산 농업과 냉동 보존 기술을 앞당겼다. 조선의 장영실은 자원과 기후의 제약 속에서 자동 물시계와 강우량 측정기를 만들었고, 레오나르도 다빈치는 부족한 기술 환경 속에서 비행기, 잠수함, 기계 장치의 설계를 남겼다. 결핍은 사람을 벼랑 끝으로 몰았지만, 그 벼랑 끝이야말로 새로운 세상을 여는 문이 되었다.

현대 기업들의 혁신 역시 결핍에서 출발했다. 넷플릭스 창업자는 비디오 대여 연체료에서 “원하는 시간에 원하는 콘텐츠를 보고 싶다”는 결핍을 포착했고, 스트리밍 시대를 열었다. 다이슨 청소기는 흡입력 저하 문제를 해결하려는 집념에서 나왔고, 테슬라는 화석연료 의존의 한계를 전기차로 돌파했다.

스타트업은 자본·기술·시간의 부족이라는 제약 덕분에 오히려 기존 질서를 뛰어넘는 모델을 만든다.

문학과 예술에서도 결핍은 결정적 역할을 한다. 베스트셀러는 대개 독자가 느끼는 심리적 결핍을 정교하게 건드린다. 사람들은 단순한 재미가 아니라, 외로움·인정 욕구·불안한 미래 같은 결핍을 채워줄 이야기를 찾는다. 자기계발서는 방향성의 결핍을, 판타지와 SF는 현실의 제약을, 로맨스는 사랑과 관계의 갈망을 채워준다. 역사소설은 현재를 이해하고자 하는 지적 갈증을, 추리소설은 현실의 복잡함을 명쾌하게 풀어주는 해방감을 준다. 독자의 숨은 결핍을 찾아내고 그것을 해소하는 경험을 제공하는 책이 폭발적 공감을 얻는다.

그러나 결핍이 지나치면 창조성은 마비된다. 모든 에너지를 생존에 쏟아야 하는 절체절명의 순간에는 상상할 여유조차 없다. 진정한 창조성은 결핍과 자원의 미묘한 균형 속에서 나온다. 완전히 불가능하지는 않지만 충분히 불편한 상태, 도전이 가능하지만 쉽게 해결되지 않는 문제에서 상상력은 가장 활발하게 작동한다.

오늘날에도 결핍은 여전히 창조의 모태다. 한 예술가는 제한된 재료로 전혀 새로운 질감과 형식을 만들고, 한 과학자는 기존 기술의 벽 앞에서 새로운 이론을 세운다. 디지털 노마드의 삶은 '한 곳에 얽매이지 않고 살고 싶다'는 결핍에서, 공유 경제는 '소유할 수 없는 것을 이용하고 싶다'는 결핍에서 나왔다.

현대의 미니멀리즘 열풍도 '너무 많은 물건 속에서 잃어버린 통제권'이라는 결핍이 만든 문화다.

결핍은 우리에게 질문을 던진다. "당신은 무엇이 부족한가, 그 부족함이 당신을 어디로 이끌 것인가?" 이 질문은 단순한 호기심이 아니라,

우리 내면의 심장 박동을 건드리는 전율이다. 우리는 이상향을 꿈꾸고, 종교적 구원이나 유토피아를 상상하며, 이상 사회의 설계도를 그린다. 그것이 당장 실현되지 않더라도, 결핍이 주는 긴장과 동경은 미래로 가는 동력이 된다.

그리고 중요한 것은, 결핍을 피하려는 본능만으로는 위대함에 닿을 수 없다는 사실이다. 결핍은 불씨일 뿐, 그 불씨를 꺼트리지 않고 태우는 것은 선택과 의지의 문제다. 우리는 때로 스스로 결핍을 만들어야 한다. 자발적으로 편안함을 버리고 낯선 환경에 뛰어드는 용기, 충분히 갖췄어도 다시 빈손처럼 시작하는 결단이 창조의 지속성을 보장한다.

마라톤 선수가 기록을 깨기 위해 일부러 숨을 몰아쉬는 것처럼 예술가와 혁신가는 결핍의 고도에서만 볼 수 있는 풍경을 찾는다.

결국 결핍은 불편함이 아니라 방향을 가리키는 나침반이다. 그 신호를 읽고 반응하는 자만이 변화의 주인이 된다. 시대와 문화를 초월해, 베스트셀러의 심장에도 이 원리가 살아 있다. 독자의 내면 깊숙한 결핍을 발견하고, 그것을 채워주는 이야기가 마음을 움직인다. 우리가 여전히 만들고, 부수고, 다시 꿈꾸는 이유는 단순하다. 우리는 아직도, 완전한 충족을 경험한 적이 없기 때문이다. 그 결핍이야말로 다음 문을 여는 열쇠다.

다음 절에서는 이 굶주림의 본능이 어떻게 '욕망의 거울' 속에 비춰져, 우리가 진짜 자신으로부터 멀어지게 만드는지를 살펴볼 것이다. 그리고 그 거울을 깨뜨렸을 때만 가능한 자유에 대해 이야기할 것이다. 독자는 그 순간, 자신의 삶에서 무엇을 지키고 무엇을 내려놓을지를 다시 고민하게 될 것이다.

배고픔이 만든 이기심과 배타성

사람이 배가 고플 때, 진짜 얼굴이 드러난다. 하루 이틀만 굶어도 표정이 굳고, 말끝이 짧아진다. 웃던 얼굴에 경계심이 내려앉고, 그 경계는 곧 적대감으로 변한다. 배고픔은 예의를 벗겨내고, 친구를 경쟁자로 바꾸고, 이웃을 밀어내게 한다. 평소엔 나누던 사람도 허기 앞에서는 오직 '나'와 '내 가족'만 살아남아야 한다는 생각으로 굳어진다. 이기심과 배타성은 배고픔의 그림자이며, 이 그림자는 우리의 DNA 속 깊이 새겨져 있다.

이 본능은 단순히 위장이 비어 있는 상태가 아니다. 그것은 사회적 본능, 도덕 체계, 심지어 사랑과 우정까지 흔드는 힘이다. 원시시대 사람들의 하루는 사냥과 채집의 성공 여부에 달려 있었다. 사냥에 성공한 이는 불 옆에서 고기를 뜯었지만, 실패한 이는 굶주림을 견디다 병들고 죽었다. 이때 '나누면 모두가 굶고, 숨기면 나는 산다'는 생존 공식이 생겼다. 수만 년 동안 반복된 이 경험이 유전자에 각인되면서, 우리는 '내 몫'이 위협받는 순간 이성을 잃도록 설계됐다.

역사는 이 본능의 파괴력을 여러 차례 증명했다.

1315~1317년 유럽 전역을 덮친 대기근은 세 해 연속 폭우와 흉작에서 시작됐다. 밀과 보리는 금보다 귀했고, 런던과 파리의 거리마다 굶어 죽은 시신이 쌓였다. 한 연대기에는 "사람들이 묘지를 파헤쳐 시신의 고기를 먹었다"는 끔찍한 기록이 남아 있다. 공동체를 지탱하던 도덕과 법은 허기 앞에서 무너졌다.

조선시대의 흉년도 마찬가지였다. 관아의 곡식 창고는 공동체의 생명줄이었지만, 기근이 길어질수록 '공동'은 사라지고 '내 것'만 남았다. 곡식을 훔치는 것은 법으로는 범죄였지만, 굶주린 사람에게는 생존이었다. 마을 사람들 사이에 불신이 번지고, 밤마다 곡식을 지키려는 자와 빼돌리는 자가 충돌했다.

배고픔은 단지 먹을 것을 지키는 수준을 넘어 '경계'를 강화한다. 타인을 친구에서 경쟁자로, 심지어 적으로 만든다. 현대 사회에서도 이 본능은 살아남았다. 취업 시장에서 한정된 자리를 두고 벌어지는 치열한 경쟁, 부동산 시장에서 '먼저 잡는 자가 승자'라는 조급함, 주식시장에서 '정보를 먼저 가진 자만이 산다'는 압박감 모두 같은 뿌리를 가진다. 물리적 허기는 사라졌지만, 심리적 허기는 여전히 우리를 몰아붙인다.

현대판 배타성은 더 세련되고 은밀하다. 직장에서 신입이 성과를 내면 회의실에서는 박수가 터지지만, 복도에서는 견제의 눈빛이 스친다. 누군가 참신한 아이디어를 내면 돕기보다 은밀히 빼앗아 자신의 것으로 만든다. 이런 행동은 단순한 질투가 아니라, '자원은 한정돼 있다'는 믿음에서 비롯된 생존 전략이다.

경제 불황이나 사회 위기 상황에서는 이런 배타성이 더 강해진다. 친구조차 경쟁자로 보는 시선이 굳어지고, 협력보다 선점이 우선된다.

한 번 경험한 굶주림의 기억은 쉽게 사라지지 않는다. 전쟁이나 기근을 겪은 세대는 평생 곡식과 물건을 비축하는 습관을 버리지 못한다. 냉장고가 비면 불안해지고, 사소한 물건 하나도 버리지 못한다. 이는 절약정신이 아니라 과거의 트라우마가 현재를 지배하는 심리다.

심리학과 뇌과학은 이 본능의 강렬함을 입증한다. 하버드대 실험에서 배고픈 상태의 참가자들은 자원 독점을 압도적으로 선택했다. 뇌영상 연구에서는 배고픔이 편도체를 과도하게 활성화시켜 위협 감지 반응을 높이고, 전두엽의 판단 기능을 약화시키는 것으로 나타났다. 즉, 우리는 허기 앞에서 합리적 판단이 무너지고, 장기적 이익보다 당장의 생존을 우선하게 된다.

오늘날 우리는 빵 한 조각을 두고 다투지 않는다. 그러나 심리적 굶주림은 형태를 바꿔 우리를 지배한다. SNS 속 타인의 휴가 사진, 명품, 고급 식당 방문 기록은 즉각적인 결핍감을 불러온다. 타인의 성취와 소비가 곧 나의 부족함으로 느껴지고, 이는 보이지 않는 경쟁으로 번진다. 원시인이 빵을 숨겼다면, 현대인은 팔로워 수와 '좋아요' 숫자를 숨기고 싶어 한다.

쇼펜하우어는 "인간은 만족할 줄 모르는 동물"이라 했다. 이기심은 단기적으로 생존을 돕지만, 장기적으로 공동체를 분열시키고 신뢰를 무너뜨린다. 회의실, 시장, 심지어 가정의 갈등까지도 이 본능이 작동한다. 빵 한 조각을 숨기던 행동이, 오늘날에는 정보와 기회를 독점하려는 전략으로 변했을 뿐이다.

이 본능은 시대와 환경을 넘어 살아남았다. 물질적 풍요가 이를 지우지 못했고, 오히려 새로운 형태의 결핍을 만들었다. 그리고 이 결핍은 경쟁과 불안을 끝없이 재생산한다. 우리는 이 그림자의 존재를 인정해야 한다. 직시해야만 제어할 수 있다.

해법은 있다. 개인 차원에서는 심리적 포만감을 만드는 습관이 필요하다. 하루 한 번 휴대폰을 내려놓고 산책하는 것, 한 달에 한 번 옷장을 비우는 것, 장바구니에서 불필요한 물건을 빼는 것. 사회 차원에서는 불필요한 경쟁을 줄이고 협력을 촉진하는 구조가 필요하다. 직장에서 정보 공유를 의무화하거나, 지역 사회에서 공동 자원을 확충하는 것처럼 말이다.

다음 절에서는 이 배고픔의 본능이 '욕망의 거울' 속에서 어떻게 왜곡되어, 우리가 진짜 자신으로부터 멀어지게 만드는지를 살펴본다. 그리고 그 거울을 깨뜨렸을 때만 가능한 자유에 대해 이야기할 것이다. 독자는 그 순간, 자신의 삶에서 무엇을 지키고 무엇을 내려놓을지를 다시 고민하게 될 것이다.

자원을 독점하려는 원초적 심리

자원을 독점하려는 원초적 심리는 인간이 살아남기 위해 선택한 가장 오래된 생존 전략 중 하나다. 여기서 자원이란 단순히 빵 한 조각이나 사슴 고기 같은 먹거리에 국한되지 않는다. 물과 땅, 지식, 권력, 신뢰, 심지어 사람의 마음까지 포함된다. 인간은 필요 이상의 자원을 차지했을 때 느끼는 안도와 쾌감을 본능 깊숙이 기억하며, 이 기억은 '다음에도 더 많이 확보하라'는 행동 명령으로 이어진다.

이 욕망은 단순한 물질적 풍요를 넘어서 존재의 불안을 잠재우는 심리적 기제로 작동하며, 문명과 사회가 아무리 발전해도 사라지지 않는 DNA 속 본능의 흔적으로 남아 있다. 인류의 역사는 바로 이 본능이 만들어낸 장면들로 가득하다.

"인간은 빵 한 조각을 위해 친구를 버린다"는 잔혹한 문장은 소설 속 과장이 아니라, 수만 년에 걸친 행동 기록이다. 원시 사회에서 사냥에 성공한 이는 배가 부른 상태에서도 사슴 고기를 숨겨두고, 뼈와 가죽까지 챙겼다. 그 이유는 단 하나, 내일은 실패할지도 모른다는 불안이었다. 이 불안은 곧 독점의 씨앗이 되었고, 한 번 손에 넣은 자원을 놓지 않으려는 집착으로 변했다.

진화심리학자들은 이를 '미래 지향적 불안(future-oriented anxiety)'이라고 부른다. 뇌의 편도체가 위기 신호를 보내면 전두엽의 장기 계획 기능보다 '지금 확보'라는 단기 결정이 우선 작동하며, 도파민 보상회로는 자원을 차지했을 때의 쾌감을 강화해 반복 행동을 유도한다. 마치 동면을 준비하는 다람쥐가 가득 찬 숲에서도 도토리를 숨기듯, 인류는 풍요 속에서도 결핍을 대비해 끊임없이 자원을 축적해 왔다. 문명을 살펴보면, 인류의 발전 과정은 자원 독점 방식이 점점 세련되어지는 과정이었다.

고대 메소포타미아에서는 티그리스·유프라테스강의 물길을 장악한 부족이 강과 농경권을 지배했고, 중세 유럽에서는 곡창 지대를 두고 봉건 영주들이 전쟁을 벌였다. 16세기 대항해시대에는 새로운 항로와 식민지, 향신료·금·노예 무역로를 독점하기 위해 바다를 지배했고, 19세기 산업혁명 이후에는 석유와 철강, 석탄이 세계 패권을 가르는 핵심이 되었다.

21세기에 들어서는 데이터, 반도체, 특허, 인공지능 알고리즘이 새로운 자원이 되어 글로벌 패권 경쟁의 중심에 섰다. 본질은 변하지 않았다. “더 많이, 더 빨리, 남보다 먼저 차지하는 자가 승자다”라는 믿음이 시대마다 독점 욕망을 자극해 역사를 움직여왔다. 이 독점 심리는 오늘날 거대한 기업의 인수합병(M&A) 전략이나 특허 전쟁뿐 아니라, 개인의 일상 속에서도 은밀히 작동한다. 직장에서 중요한 정보를 얻었을 때 곧바로 공유하지 않고 잠시 묵혀두는 이유는 경쟁자보다 먼저 활용할 기회를 확보하기 위해서다.

소셜 미디어에서 ‘좋은 정보’를 독점해 팔로워를 늘리거나, 특정 인맥을 혼자만 유지하는 것도 같은 심리다. 이는 ‘정보의 희소성’을 무기로 삼아 자신의 우위를 확보하려는 본능에서 비롯된다. 투자자 워렌 버핏의 “남들이 탐욕을 부릴 때 두려워하고, 남들이 두려워할 때 탐욕을 부려라"는 말 역시 대중보다 먼저 기회를 차지하라는 독점의 지혜를 담고 있다. 문제는 이 독점 욕망이 자원 자체의 성격을 변질시킨다는 점이다. 실제로는 충분히 나눌 수 있는 물건도 독점 욕망이 작동하면 희소하고 귀한 것으로 인식된다. 경제학의 '인위적 희소성' 개념이 바로 여기서 나온다. 기업이 의도적으로 생산량을 줄이고 가격을 높이는 전략은 인간의 독점 욕망을 정확히 겨냥한다. 한정판 명품, 리미티드 에디션, 특정 이벤트 굿즈가 폭발적인 소비 열풍을 일으키는 이유다. 사람들은 제품의 실질 가치보다 '남들이 가지지 못한 나만의 것'에 더 큰 의미를 부여한다. 심리학 실험은 이를 뒷받침한다. 참가자들에게 같은 사탕을 나눠주되, 일부에게만 "이건 네가 가진 마지막 사탕"이라고 말하자, 그 사탕을 받은 사람들은 먹지 않고 보관하려 했다. 사탕의 맛과 품질은 변하지 않았음에도 '내 것'이라는 감각이 실질 가치보다 강한 만족을 줬다. 이 심리는 약물 특허 독점, 희귀병 치료제 독점, 첨단 기술 지식의 독점처럼 사회 전체에 심각한 영향을 미치는 형태로도 나타난다. 더 나아가 독점 욕망은 인간관계마저 자원의 한 형태로 바라보게 만든다. 친구의 관심, 배우자의 애정, 아이의 시간과 마음까지도 독점하려 한다. 누군가 그 관심을 빼앗을 것 같은 불안은 곧 통제와 소유 욕구로 변하며, 배우자의 SNS 활동을 감시하거나 친구의 다른 교제를 질투하는 행동으로 나타난다. 결국 사랑과 우정마저도 교환·소유 가능한 자원으로 전락한다. 독점이 과도해지면 자원 자체를 지키기 위해 파괴적 행동을 서슴지 않게 된다.

석유 전쟁, 식민지 쟁탈전, 반도체 패권 경쟁, 데이터 독점 분쟁은 모두 이 심리의 산물이다. 특히 현대 사회의 데이터와 지식 독점은 국가

간 긴장과 기술 전쟁을 야기하며 인류 발전 자체를 위협한다. 독점의 끝은 상대의 파괴이며, 종국에는 자기 파멸로 귀결된다. 그러나 이 본능은 단순한 이기심이 아니다. 인류가 수만 년간 생존할 수 있었던 이유이기도 하다. 다만 문제는 현대의 풍요 속에서도 여전히 이 본능이 작동한다는 점이다. 내일이 불확실한 한, 인간은 오늘 가능한 한 많은 것을 움켜쥐려 할 것이고, 그 순간 우리는 자원의 주인이 아니라 자원에 사로잡힌 노예가 된다. 독점의 쾌감은 일시적이지만, 그것이 무너뜨린 관계와 신뢰, 평판은 회복이 어렵다. 이제 우리는 이 원초적 심리가 어떻게 '비교'라는 거울에 비쳐 더 깊은 불만족의 수렁으로 우리를 밀어 넣는지 살펴볼 것이다. 그것이야말로 끝없는 독점의 굴레에서 벗어나기 위한 첫걸음이 될 것이다.

결핍이 만든 불신과 경계심

결핍은 단순히 우리를 가난하게 만드는 데서 그치지 않는다. 그것은 마음의 작동 방식을 근본적으로 재설정한다. 충분함 속에서 마음은 열림 모드로 전환되어 새로운 가능성을 탐색하지만, 결핍은 즉시 경계 모드로 스위치를 돌린다. 이 순간, 눈앞의 세계는 기회의 지도가 아니라 위험의 지도로 바뀌고, 타인은 협력자가 아니라 언제든 내 것을 빼앗을 수 있는 잠재적 약탈자로 인식된다. 이 전환은 도덕성의 문제가 아니다. 수만 년 동안 인류의 뇌 속에 각인된 생존 알고리즘이 작동한 결과다. 부족한 상황에서 신뢰는 사치였고, 최악의 시나리오를 먼저 가정하는 경계는 가장 확실한 보험이었다.

나는 예전에 한 제조업 회사의 중간관리자, 박성호라는 사람을 인터뷰한 적이 있다. 그는 IMF 외환위기 시절 회사가 구조조정에 들어가자 매일 아침 "오늘은 내가 명단에 오르지 않길" 기도했다고 했다. 그 시절 회의실은 전략을 논의하는 곳이 아니라, 누가 살아남을지를 가늠하는 전쟁터였다. 그는 동료의 무심한 눈빛 속에서도 의도를 해석하려 했고, 상사의 짧은 '좋아요' 댓글 뒤에 숨은 뜻을 찾아내느라 밤을 새웠다. "살아남아야 한다"는 생각이 모든 판단의 기준이 되자, 그는 스스로도 믿음을 잃었다. 결핍은 이렇게 사람의 시야를 좁히고, 마음을 얼어붙게 만든다.

결핍 신호가 감지되면 신체는 곧바로 경보 체제로 들어간다. 심장이 빨라지고, 시야는 좁아지며, 복잡한 판단은 단순한 '안전과 위험' 이분

법으로 축소된다. 애매한 행동은 모두 위협으로 번역된다. 상사의 무표정, 동료의 짧은 메시지, 문 밖에서 들려오는 속삭임조차 "내 것을 빼앗기지 말라"는 신호로 변한다. 타인의 선의보다 최악의 가능성에 베팅하는 편이 살아남을 확률을 높여왔다는 것을, 우리 몸은 기억한다. 이런 기억이 축적되면 사람은 위험을 피하는 데 에너지를 쓰게 되고, 이는 이성의 선택이라기보다 결핍이 만들어낸 본능적 반응이다.

불신은 곧 보이지 않는 성벽을 세운다. 정보는 나누기보다 숨기는 것이 안전하다고 느껴진다. 회의에서 떠오른 기발한 아이디어조차 즉시 공유하기보다 홀로 검증하며 기회를 저울질한다. 메일 참조 목록은 최소화되고, 일정과 계획은 모호하게 표현되며, 의도는 감춘다. 비밀은 마치 비축 식량처럼 쌓이고, 적절한 때를 기다리며 서랍 깊숙이 감춰진다. 성벽이 높아질수록 사회는 서로 연결된 다리가 아니라, 고립된 섬으로 변한다.

경계심은 언어의 결을 바꾼다. 평소라면 "같이 하자"라고 말할 자리에 "일단 보고하라"가 들어온다. 부탁은 지시로 바뀌고, 질문은 심문처럼 들린다. 작은 말투의 단단함이 관계의 온도를 떨어뜨리고, 관계는 공동 목표를 향한 통로가 아니라 '내 몫'을 지키기 위한 위험 구간이 된다. 그래서 사람들은 신뢰보다 계약으로 관계를 묶으려 한다. 계약은 신뢰의 증거가 아니라, 신뢰 부족의 증거일 때가 많다.

결핍이 만든 불신은 집 안 깊숙이 스며든다. 부부는 가계와 시간을 각자 관리하려 하고, 휴대전화 알림음은 경계의 사이렌처럼 울린다. 부모는 형제 사이의 '공평'을 강박적으로 맞추지만, 아이들 마음속에는 "언젠가 내 몫이 줄어들지 모른다"는 불신의 씨앗이 자란다. 가족조차 완전히 믿지 못하는 경험은 평생의 인간관계에서 보수적인 태도를 낳는다. 사랑을 구하지만, 사랑을 믿지 않는 역설이 여기서 생겨난다.

조직에서 불신은 비용으로 나타난다. 보고 라인은 길어지고, 결재 단계는 늘어나며, 문장 한 줄을 두고 수십 번의 검토가 반복된다. 서류는 두꺼워지지만 실행은 느려진다. 결과보다 책임 전가를 먼저 계산하고, 실패의 화살을 분산시키는 '안전장치' 제작에 시간을 쓴다. 일하는 시간보다 의심을 관리하는 시간이 길어질수록 조직은 성과 대신 피로를 축적한다. 결핍은 속도를 앗아가고, 속도를 잃은 집단은 다시 결핍으로 되돌아가는 악순환에 빠진다.

불신은 자기실현 예언이 된다. 의심은 상대를 방어적으로 만들고, 방어적인 상대는 더 많은 것을 숨긴다. 그러면 처음의 의심은 "봐라, 역시 믿을 수 없어"라는 확신으로 굳어진다. 선의가 통로를 잃으면 사람들은 살아남기 위해 더 영리하고 더 차갑게 계산한다. 이 악순환에서 누군가 먼저 마음을 열 이유는 없다. 먼저 열면 잃었던 기억이 있기 때문이다.

결핍은 비교를 불신으로 변환시킨다. 옆 사람이 박수를 받는 순간, 내 자리가 흔들리는 듯한 위기감이 찾아온다. 축하의 말 속에도 경계가 섞인다. "다음은 내 차례일까, 아니면 더 멀어졌을까?" 이 질문은 관찰을 감시로 바꾸고, 타인의 일정을 추적하고 성과를 해석하는 습관을 낳는다. 제로섬 감각 속에서 타인의 성공은 나의 실패가 되고, 고립은 불신을 증폭시킨다.

결핍은 관용의 임계값을 낮춘다. 평소라면 웃고 넘길 말이 무례로 들리고, 실수로 여길 행동이 배신으로 읽힌다. 용서는 여유의 산물이다. 여유가 사라지면 사람은 정확해지고, 정확함은 차갑다. "한 번 더 기다려 줄게" 대신 "이번엔 안 돼"가 나온다. 공동체는 규칙만 남고 온기는 사라진다. 규칙은 필요하지만, 규칙만 남은 사회는 살아 있으면서 이미 굳어 있다.

놀랍게도 불신은 도덕을 만들기도 한다. 다만 그것은 생존을 돕는 한에서만 유지된다. 신뢰가 깨지면 모두가 피해를 본다는 경험이 최소한의 공정과 절차를 낳지만, 결핍이 심해지면 "지금은 예외"라는 암묵적 합의 아래 규칙은 무너진다. 예외는 한 번 허용되면 기준이 되고, 결핍의 시대에 도덕은 겉껍질만 남는다.

그러나 이 겨울 같은 결핍의 계절에도 봄은 온다. 몇 해 전, 한 사회적 기업이 실험적으로 직원 전원에게 3개월간 무조건 기본소득을 지급한 사례가 있었다. 처음 두 달 동안 사람들은 여전히 성벽 안에서 조심스럽게 움직였다. 그러나 세 번째 달이 되자, 공유 문서에 아이디어가 자발적으로 올라오고, 회의에서 웃음소리가 돌아왔다. 경계심은 천천히 녹았고, 사람들은 다시 다리를 놓기 시작했다. 충분함은 단번에 경계를 허물지 않지만, 반복되면 성벽의 돌을 하나씩 빼낸다.

우리는 스스로를 선하다고 믿지만, 결핍 앞에서 선의는 전술로 변한다. 기부는 브랜드가 되고, 친절은 네트워크가 되며, 진심은 포지셔닝이 된다. 타인의 시선이 자원으로 전환되는 순간, 인간은 무의식적으로 그 시선을 설계한다. 선의가 전략이 되는 지점, 그곳이 불신의 시작점이다. 그러나 동시에, 선의가 반복될 때 전략을 넘어 진심으로 회복될 수 있다.

이 악순환에서 벗어나는 길은 단순하지 않다. 그러나 한 가지 분명한 사실이 있다. 불신은 인격의 결함이 아니라 환경의 결과라는 점이다. 이 사실을 자각하는 순간, 우리는 사람을 고치려 애쓰기보다 '여유'를 복원하는 데 집중할 수 있다. 충분함의 경험이 반복될 때에만 마음은 경계 모드에서 열림 모드로 돌아온다. 신뢰는 감정이 아니라, 반복된 습관에서 자란다.

결핍은 인간을 냉혹하게 만들었다. 그러나 결핍이 만든 불신을 다루는 능력 역시 인간만이 가진 고등 기술이다. 우리는 의심을 느끼면서도 멈출 수 있고, 경계를 세우면서도 문을 닫아걸지 않을 수 있다. 결핍이 마음의 프로그램을 바꾼다면, 반복된 충분함은 그 프로그램을 서서히 업데이트한다. 불신은 본능이지만, 신뢰는 훈련이다. 그리고 훈련된 신뢰야말로 결핍의 계절을 버티는 유일한 사회적 비축 식량이다.

심리학과 행동경제학 연구는 결핍이 만드는 불신의 악순환이 단지 개인의 성격 문제가 아님을 반복적으로 증명해왔다.

예일대 심리학과의 엘드 마러프 교수 연구에 따르면, 실험 참가자들에게 '경제적 불안'을 느끼게 한 뒤 의사결정 게임을 진행했을 때, 그들의 협력 수준은 평균보다 27% 감소했고, 타인의 의도를 부정적으로 해석하는 비율은 40% 이상 증가했다. 이는 결핍 상태가 단기적으로 인지자원을 고갈시키고, 장기적으로 관계망을 약화시키는 과정을 보여준다. 사회학자 로버트 퍼트넘이 40년간 축적한 연구에 따르면, 지역사회 신뢰도가 높은 곳일수록 경제 성장률은 평균 2배 이상 높고, 범죄율은 절반 이하로 떨어진다. 신뢰는 경제와 안전을 동시에 지탱하는 보이지 않는 사회 인프라다.

그렇다면 우리는 일상에서 무엇을 할 수 있을까.

첫째, 작은 예측 가능성을 설계하라. 사람들은 큰 변화보다 반복되는 일관성에서 더 큰 안정을 느낀다. 매주 같은 시간에 보내는 짧은 안부 메시지, 약속 시간 10분 전의 확인 전화, 정해진 날의 팀 점심 모임 같은 것들이 신뢰의 뼈대를 만든다.

둘째, 공유의 순간을 늘려라. 자원의 크기보다 공유의 빈도가 중요하다. 연구에 따르면 한 번의 큰 선물보다 다섯 번의 작은 나눔이 관계의 신뢰 지수를 더 높인다.

셋째, 투명한 설명을 습관화하라. 의사결정 과정과 이유를 설명하는 것만으로도, 상대방의 불확실성 스트레스가 줄어든다. '왜'라는 정보를 제공하는 사람은, 결과가 불리하더라도 신뢰를 잃을 가능성이 낮다.

넷째, 회복 가능한 실패 경험을 설계하라. 한 번의 배신이 끝이 아니라는 것을 경험하게 하는 것이 중요하다. 팀 프로젝트에서 작은 실수를 무해하게 복구할 수 있는 구조를 만들면, 사람들은 관계에서 더 과감해지고 개방적이 된다.

신뢰는 한 번에 완성되지 않는다. 그것은 시간 속에서, 예측 가능성과 투명성을 반복하는 습관 위에 쌓인다. 결핍이 본능을 바꾼다면, 충분함은 본능을 재학습시키는 환경이다. 그리고 이 환경은 거창한 자원보다 작지만 꾸준한 행동에서 만들어진다. 우리가 만드는 '작은 여유'가 곧 결핍의 계절을 끝내는 첫 번째 봄이 된다. 우리가 만드는 '작은 여유'가 곧 결핍의 계절을 끝내는 첫 번째 봄이 된다. 결국, 신뢰를 지키는 사람은 결핍 속에서도 손을 내미는 사람이다. 그 손이, 봄의 첫 번째 바람이 된다.

신뢰가 사라진 사회의 경제학

신뢰는 눈에 보이지 않는 사회의 인프라다. 도로와 전력망처럼 물리적으로 측정할 수 없지만, 한 사회의 경제와 문화, 정치의 속도를 결정하는 기반이다. 신뢰가 높을수록 거래 비용은 낮아지고, 의사결정은 빨라진다. 반대로 신뢰가 사라진 사회는 보이지 않는 세금, 즉 '불신 비용'을 지불하며 살게 된다. 이 비용은 금전적 지출뿐 아니라 시간, 에너지, 기회의 손실까지 포함한다.

문제는 이 세금이 표면적으로 드러나지 않기 때문에, 사람들이 체감하지 못한 채 장기간 사회를 잠식한다는 점이다.

경제학자 케네스 애로는 "거래의 윤활유는 신뢰"라고 말했다. 기계가 윤활유 없이 돌아가면 마찰과 발열로 결국 멈추듯, 사회도 신뢰가 없으면 서서히 굳어간다. 기업에서 신뢰가 낮으면 보고 라인이 길어지고, 결재 절차가 복잡해진다. 시장에서 신뢰가 낮으면 계약서 분량은 늘어나고, 법률 자문 비용이 증가한다. 정치에서 신뢰가 낮으면 정책 집행 속도가 떨어지고, 유권자와 정부 간의 간극이 넓어진다. 그리고 이 모든 과정에서 생산성이 손실된다.

역사는 이를 명확하게 증명한다. 14세기 유럽 흑사병 이후, 생존자들이 '신뢰 상실'에 빠지자 상인들은 선불 거래로 전환했고, 장기 신용은 붕괴했다. 상업 네트워크가 무너진 도시는 경제 회복이 수십 년씩 지연됐다. 반대로 17세기 네덜란드는 '장부 신뢰' 관행을 확립하며 장기 신용거래를 확대했고, 덕분에 세계 무역의 중심지가 되었다. 같은 조건에서 신뢰가 높았던 사회는 더 빠르게 부를 축적했다.

현대 사회에서도 신뢰의 차이는 GDP 성장률로 나타난다. 세계은행의 연구에 따르면, '타인을 신뢰할 수 있다'고 답한 비율이 10% 높은 국가는 1인당 GDP 성장률이 평균 0. 5% 높았다. 로버트 퍼트넘의 연구는 신뢰도가 높은 지역이 그렇지 않은 지역보다 경제 성장 속도가 두 배 빠르고, 범죄율은 절반 이하로 낮다고 보여준다. 신뢰는 경제와 안전을 동시에 지탱하는 이중의 토대다.

신뢰가 사라진 사회는 경제 구조 자체가 바뀐다.

첫째, 대규모 협력이 줄어든다. 불신은 위험을 분산시키는 대신 위험을 회피하게 만든다. 이는 혁신과 모험의 동력을 꺾는다.

둘째, 거래 단위가 작아진다. 사람들은 작은 계약, 단기 계약을 선호하며, 장기 프로젝트나 대규모 투자에 주저한다.

셋째, 내부 자원 소모가 커진다. 불신이 깊을수록 내부 통제 비용이 늘고, 외부 경쟁력은 약해진다.

기업 환경을 보자.

한 IT 스타트업 대표는 "사내 신뢰가 떨어지면 내부 커뮤니케이션 도구가 모니터링 시스템으로 변한다"고 말했다. 원래 협업을 위해 쓰던 채팅방이 보고와 확인, 증빙의 창구가 되고, 메일에는 '참조'가 폭발적으로 늘어난다. 아이디어 회의가 아니라 보고 회의가 된다. 그는 "이때부터 회사는 더 이상 새로운 것을 만들지 않고, 기존의 것을 지키는 데만

에너지를 쓴다"고 했다.

신뢰가 사라진 조직은 '속도'를 잃는다. 보고서가 책 두께로 두꺼워지고, 결재 과정이 계단처럼 늘어난다. 정치도 마찬가지다. 유권자가 정부를 불신하면, 정부는 모든 정책에 '설명 비용'을 과도하게 투입해야 한다. 그 과정에서 정책 추진 속도는 늦어지고, 기회를 놓친다. 불신 사회에서 '기회비용'은 미래를 잠식하는 가장 무서운 형태의 비용이다.

심리학적 관점에서 신뢰는 위험 감수와 직결된다. 신뢰가 높을수록 사람들은 장기적 보상을 위해 단기적 위험을 감수한다. 하버드대의 한 실험에서 참가자들에게 동일한 투자 게임을 시켰을 때, '사회적 신뢰도'가 높은 그룹은 낮은 그룹보다 34% 더 큰 규모의 장기 투자를 선택했다. 이들은 더 큰 위험을 감수했지만, 최종 수익률도 높았다. 신뢰가 투자 성향과 경제적 결과를 동시에 바꾼 것이다.

그렇다면 신뢰를 회복하려면 어떻게 해야 할까.

첫째, 투명성을 제도화해야 한다. 투명성은 신뢰를 회복하는 가장 강력한 신호다. 의사결정의 이유와 과정을 공유하면, 결과가 불리해도 불신은 완화된다.

둘째, 예측 가능성을 설계해야 한다. 규칙과 절차가 일관되면 사람들은 안정감을 느낀다.

셋째, 작은 약속을 반복적으로 지켜야 한다. 신뢰는 큰 선언이 아니라, 지켜진 작은 약속에서 자란다.

넷째, 회복 가능한 실패 구조를 마련해야 한다. 한 번의 실수가 관계를 끝내지 않는 환경이 필요하다.

신뢰는 하루아침에 만들어지지 않는다. 그러나 깨시는 네는 하루면 충분하다. 그만큼 복원은 의도적이고 장기적인 과정이어야 한다. 개인 차원에서는 말과 행동의 일관성을 유지하고, 타인의 의도를 긍정적으로 해석하려는 훈련이 필요하다. 조직 차원에서는 권한과 책임을 명확히 하고, 성과보다 과정의 투명성을 평가 지표에 반영해야 한다. 국가 차원에서는 법과 제도의 일관성, 그리고 부패에 대한 무관용 원칙이 필수다.

결국 신뢰는 사회의 속도를 결정한다. 신뢰가 높은 사회는 더 멀리, 더 빠르게 나아갈 수 있다. 신뢰가 낮은 사회는 멀리 가기 전에 내부 마찰로 에너지를 소모한다. 경제학에서 생산성은 단순히 기술의 발전이나 노동 시간으로만 측정되지 않는다. 보이지 않는 사회적 자본, 그중에서도 신뢰의 수준이 생산성의 결정적 변수다. 우리가 만드는 '작은 신뢰'의 순간들이 모여, 사회 전체의 경제속도를 높인다.

chapter 3

짝짓기의 음지

사랑의 탈을 쓴 번식 전략

우리가 사랑이라고 부르는 감정의 심장부에는, 생존과 번식을 위해 진화한 냉정한 기계장치가 자리 잡고 있다. 그 기계는 소리 없이, 그러나 쉼 없이 작동한다. "사랑"이라는 단어는 그 소음을 덮기 위해 인류가 발명한 가장 달콤한 포장지다. 표면에는 영화의 한 장면처럼 반짝이는 로맨스가 흐르지만, 그 아래에서는 수만 년에 걸쳐 다듬어진 유전자 거래 시장이 치열하게 돌아가고 있다. 인간은 이 거래에서 유리한 조건을 차지하기 위해, 스스로를 속이고, 진실을 은폐하며, 수십 년 동안 쌓아 올린 명예와 도덕을 한순간에 무너뜨리기도 한다.

진화심리학자 데이비드 버스는 인류의 짝짓기 전략을 '석기시대에 완성된 알고리즘'이라 표현한다. 남성은 가능한 한 많은 파트너와 관계를 맺어 자신의 씨앗을 널리 퍼뜨리도록 설계되었고, 여성은 자신의 몸과 시간을 투자할 만큼 가치 있는 유전자를 선택하도록 프로그래밍되었다. 이런 설계는 구석기 시대의 사냥터에서도, 현대의 고층 빌딩 속 회의실에서도 동일하게 작동한다.

고대 수렵채집 사회에서 남성은 사냥 능력, 근육질의 체형, 빠른 회복력을 과시하며 번식 적합도를 드러냈다. 여성은 건강한 피부, 대칭적인 얼굴, 유연한 움직임으로 생식력을 시각적으로 전달했다. 남녀 모두 상대방이 가진 '자원'과 '유전자 품질'을 직관적으로 계산했다. 이 계산이 맞물리는 순간, 인류 역사상 가장 복잡한 심리전이 시작됐다. 때로는 치열한 경쟁, 때로는 은밀한 동맹, 때로는 노골적인 배신이 이어졌다.

문명은 이 본능을 억누르기는커녕 더 세련되게 진화시켰다. 고대 그리스 귀족 사회에서 혼인은 정치적 동맹의 도구였고, 로마 제국에서는 토지와 군사력, 노예를 교환하는 계약이었다.

중세 유럽의 결혼은 가문의 권력 결속 수단이었으며, 조선시대의 혼인은 사대부 집안의 지위와 재산을 유지하는 제도였다. 그러나 21세기에도 본질은 변하지 않았다. 단지 거래의 장이 오프라인에서 온라인으로 옮겨졌을 뿐이다.

현대의 데이트 앱은 한 손가락 스와이프 몇 번으로 수백 명의 선택지를 제공한다. 프로필 사진 한 장, 자기소개 몇 줄만으로 상대방의 사회적 자본, 경제력, 잠재력을 평가한다. 알고리즘은 나의 취향과 행동 데이터를 분석해 '가장 매력적인' 후보를 추천하지만, 이는 사실상 본능적 선택지를 최적화한 석기시대 뇌의 버전 2. 0에 불과하다. SNS에서는 상대방의 여행지, 소비 패턴, 친구 네트워크가 노출되고, 그 모든 것이 무의식적으로 매력도와 번식 가치 평가에 반영된다.

이런 환경에서 질투, 경쟁, 배신은 예외가 아니라 표준 반응이다. 뇌과학 연구에 따르면 질투를 느낄 때 편도체와 전측 대상피질이 강하게 활성화된다. 이는 '자원 상실 경보'와 같은 기능을 하며, 상대방이 경쟁자와 교류한다는 신호 하나에 심박수가 치솟고, 혈압이 순간적으로 상승한다. 연인의 휴대폰 화면에 뜬 알림 하나, SNS 댓글 한 줄이 가정과 관계를 뒤흔드는 촉매제가 된다.

경쟁은 본능적인 움직임이다. 더 나은 파트너를 확보하기 위해 우리는 무의식적으로 외모를 가꾸고, 사회적 지위를 높이며, 자원을 축적한다. 남성은 고급 시계와 자동차, 여성은 세련된 패션과 건강한 체형을 과시한다. 이는 단순한 소비 습관이 아니라 '번식 시장'에서의 신호 발신이다. 배신 역시 전략적 선택으로 이해할 수 있다. 더 나은 유전자, 더 넓은 자원 접근권을 위해, 혹은 현 관계의 불안정성을 해결하기 위해 감행되는 행동이다.

역사는 이런 본능이 빚어낸 이야기로 가득하다. 트로이 전쟁의 발단이 된 헬레네의 납치, 셰익스피어의 '오셀로'에서 질투에 사로잡힌 주인공의 파멸, 현대 정치인의 불륜 스캔들까지, 모두 인간 뇌의 '짝짓기 알고리즘'이 작동한 흔적이다. 다만 시대에 따라 무대와 소품이 달라졌을 뿐이다.

사랑은 인간을 위대하게도, 추하게도 만든다. 한 사람은 연인을 위해 목숨을 걸고 바다를 건너거나, 불가능해 보이는 꿈을 현실로 만든다.

또 다른 사람은 사랑이라는 이름으로 타인의 가정을 파괴하고, 친구를 배신하며, 스스로 세운 도덕을 쓰레기처럼 버린다. 이 양극단의 행동은 모두 같은 원천에서 흘러나온다. 그것이 바로 인간 욕망의 빛과 그림자다.

철학자들은 오래전부터 이 질문을 던졌다. "우리는 사랑을 선택하는가, 아니면 사랑이 우리를 선택하는가?" 자유의지는 본능 앞에서 얼마나 힘이 있는가? 신경과학은 여기에 불편한 답을 내놓는다. 도파민은 설렘을, 옥시토신과 바소프레신은 애착을, 테스토스테론은 성적 욕망을 강화한다. 이 호르몬들은 무대 뒤에서 대사를 속삭이고, 우리는 그 각본을 읽으며 연기할 뿐이다. 마치 모든 결말이 이미 정해진 연극 속에 살고 있는 배우처럼.

짝짓기의 음지를 직시하는 것은 사랑을 부정하는 것이 아니다. 오히려 그 구조를 이해하는 순간, 우리는 스스로를 더 잘 알게 된다. 진정한 자유는 어떤 힘이 나를 움직이는지 자각하는 데서 시작된다. 사랑이라는 달콤한 거짓말을 꿰뚫어 보면서도, 그 속삭임을 기꺼이 받아들이는 것, 그것이 어쩌면 인간다운 삶의 방식일지도 모른다.

짝을 지키기 위해 동원되는 모든 수단

우리가 사랑이라 부르는 감정은, 화려한 언어와 감미로운 약속으로 치장되어 있지만 그 근본은 언제나 같다. 그것은 단 하나, 자신의 유전자를 안전하게 다음 세대로 전달하려는 본능이다. 이 본능은 수십만 년 전, 인류가 아직 돌도끼를 쥐고 불 앞에서 고기를 굽던 시절부터 우리 뇌 속 깊은 곳에 각인되어 있다. 그 위에 문명은 법과 도덕, 종교와 예술로 두터운 포장을 덧씌웠다. 하지만 욕망 앞에서 그 장벽은 얼마나 허약한가. '운명 같은 사랑'이라 부르는 모든 만남, '영원히 지켜주겠다'는 서약, '너 없인 살 수 없다'는 고백조차, 사실은 진화가 우리를 더 교묘하고 매혹적인 방식으로 번식시키기 위해 설계해 넣은 정교한 장치에 불과하다. 우리는 이것을 순수하다고 믿고 싶지만, 그 밑바닥에서는 유전자가 냉혹한 명령을 내리고 있다.

그 명령을 수행하기 위해 진화는 몇 가지 강력한 도구를 우리에게 쥐여 주었다. 그중 첫 번째가 질투다. 질투는 결코 단순한 기분 상함이 아니다. 그것은 생존 경보다. 연인의 휴대폰에 뜬 낯선 이름의 메시지 알림, SNS에 올라온 사진 속 애매한 표정, 친구의 게시물에 달린 의미심장한 댓글 한 줄이 왜 그렇게 심장을 철렁 내려앉게 하는가. 원시 시대에 짝을 빼앗긴다는 것은 곧 자신의 유전자가 후손에게 이어지지 못한다는 것을 의미했다. 이는 단순히 감정의 문제를 넘어 생존과 직결되는 위기였다. 그 공포가 수만 년을 건너와 우리 신경계 속에 깊이 새겨졌다. 그래서 우리는 사랑하는 사람이 다른 이와 잠시 눈을 마주치는 것만으로도 내면의 전쟁을 시작한다. 얼굴은 차갑게 웃고 있어도, 뇌 속에서는 온갖 추측과 계산이 번개처럼 교차하며, 이성은 순식간에 자취를 감춘다.

질투는 문화와 환경에 따라 다양한 모습으로 드러난다. 어떤 사람은 표정을 숨긴 채 상대의 일거수일투족을 감시하고 정보를 수집한다. 또 어떤 사람은 참지 못하고 즉각적으로 화를 내거나 울며 매달린다. 그러나 그 모든 방식의 뿌리는 같다. "내 자원이 도난당할 위기다"라는 메시지가 뇌의 경보 시스템을 작동시키는 순간, 우리는 이미 본능의 지배 아래 있다.

이 질투의 그림자를 타고 자라는 것이 경쟁이다. 인간은 짝을 얻기 위해, 그리고 이미 얻은 짝을 지키기 위해 끊임없이 경쟁한다. 과거의 남자는 더 큰 사냥감을 잡아오거나, 더 많은 식량을 비축하는 것으로 자신의 매력을 증명했고, 여자는 건강하고 젊은 외모와 생활 기술로 자신의 가치를 높였다.

오늘날의 경쟁은 훨씬 더 복잡하다. 학벌, 연봉, 사회적 지위, 팔로워 수, 인스타그램 피드의 미학, 여행지에서 찍은 사진의 품질까지도 경쟁의 도구가 된다. 우리는 상대보다 더 좋은 신호를 발신해야 한다는 압박 속에서 살아간다. 심리학자들은 이를 '신호 발신(signal display)'이라고 부르는데, 이는 단순한 허세나 자랑이 아니라 "나는 너와 우리의 후손을 안정적으로 지킬 수 있는 능력이 있다"는 무언의 메시지다.

이 경쟁은 은밀하게도, 노골적으로도 벌어진다. 직장 회식 자리에서 의도적으로 성공담을 늘어놓거나, 라이벌을 은근히 깎아내리는 말 한마디, 심지어는 연인의 주변에서 경쟁자를 불리한 상황에 몰아넣는 작은 책략까지. 겉으로는 부드러운 미소를 띠고 있어도, 마음속에서는 상대보다 반 걸음 앞서기 위해 복잡한 시뮬레이션을 돌린다. 연애는 결국 '상대방이 나를 선택할 만한 가치가 있는가'를 끊임없이 입증해야 하는 시장이 되어버렸다. 그리고 이 시장에서 가장 잔혹한 결말이자, 때로는 또 다른 전략의 시작이 되는 것이 배신이다.

진화생물학자들은 이를 '이중 전략(mixed mating strategy)'이라 부른다.

주 짝과의 안정적인 관계를 유지하며 생활 자원과 사회적 지위를 확보하는 동시에, 유전적으로 더 매력적이거나 자원이 풍부한 다른 파트너를 비밀리에 탐하는 것. 이 전략은 원시 시대의 여성에게 특히 유리했을 수 있다.

안전을 보장하는 장기 파트너와, 더 건강하고 매력적인 유전자를 제공하는 단기 파트너를 동시에 갖는 것은 자식의 생존 가능성을 높였기 때문이다. 남성 역시 기회를 얻는 즉시 더 많은 씨앗을 뿌리려는 본능을 발동시켰다. "왜 그랬는지 모르겠다"는 배신자의 말은 종종 진심이다. 이성적 의식이 본능적 욕망을 억누르지 못했을 뿐, 그 행동은 유전자의 관점에서 보면 '합리적'이었다. 다만 그 대가가 치명적일 수 있다는 점을 무시했을 뿐이다.

질투, 경쟁, 배신이 세 가지 본능은 서로 긴밀하게 얽혀 있다. 질투는 경쟁을 촉발하고, 경쟁은 배신의 유혹을 키우며, 배신은 다시 질투를 불러온다. 이 순환은 끝이 없다. 질투심을 유발해 내 가치를 높이려다 관계를 망치고, 경쟁자를 제거하려다 비열한 사람이 되며, 더 나은 대상을 탐하다가 결국 모든 것을 잃는다. 그럼에도 인류는 이 게임을 멈춘 적이 없다. 진화는 단순히 강한 자를 남긴 것이 아니라, 이 복잡한 유전자 게임을 가장 잘 해낼 수 있는 교활하고 유연한 플레이어를 남겼다.

사랑이라는 표면 아래에서 벌어지는 이 잔혹한 거래와 전쟁을 직시하면, 사랑이 차갑게 느껴질지도 모른다. 그러나 이것이야말로 인간이 본능을 사회와 문화 속에서 얼마나 세련되게 포장해왔는지를 보여주는 증거이기도 하다. 결혼식장의 하얀 드레스, 손을 잡고 걷는 연인의 미소, SNS 속 다정한 사진에도 본능은 숨 쉬고 있다. 우리는 본능과 문명이라는 두 줄 위에서 줄타기를 한다. 질투가 균형을 잃게 만들면 경쟁으로 회복하려 하고, 경쟁이 과열되면 배신이라는 비상구를 찾는다. 그리고 그 모든 과정을 거친 후에도 우리는 여전히 사랑이라는 환상을 지키기 위해 또 다른 줄타기를 시작한다.

결국 우리는 피곤하고도 고독한 게임을 평생 반복하는 존재다. 질투는 우리를 예민하게 만들고, 경쟁은 우리를 지치게 하며, 배신은 우리를 상처 입힌다. 그러나 아이러니하게도, 이 세 가지 본능이 없었다면 인류는 지금의 모습으로 진화하지 못했을 것이다. 질투가 없는 사랑은 쉽게 빼앗기고, 경쟁이 없는 관계는 매력을 잃으며, 배신의 유혹조차 없는 세상에서는 인간이 지금처럼 복잡하고 치열한 사회를 구축하지 않았을 것이다. 우리는 그 잔혹한 본능 덕분에 창조와 파괴를 동시에 이루는 종이 되었고, 그 덕분에 이 책을 읽으며 자신의 마음을 들여다볼 수 있는 존재가 된 것이다.

암수의 은밀한 생물학적 속임수

밤 11시, 집 안은 이미 조용해졌고 거실은 어둠 속에 잠겨 있었다. 그 정적을 뚫고 옆에 누운 연인의 휴대폰 화면이 푸른빛으로 번쩍였다.

손끝이 화면을 스크롤하는 소리, 미묘하게 굳은 표정, 짧게 번진 미소. 그 순간, 가슴 아래 깊숙한 곳에서 알 수 없는 불안이 솟구쳤다. '뭐길래 저렇게 웃는 거지?' 이유를 설명할 수 없지만, 그 감각은 거짓이 아니었다. 수십만 년 동안 인류 조상을 살아남게도 하고, 파멸로 몰아넣기도 한 유전자 전쟁의 경보가 은밀하게 울린 것이다. 진화의 관점에서 이 불안은 단순한 질투가 아니라, 암컷과 수컷 모두에게 새겨진 가장 오래되고 치열한 생물학적 전투의 신호다. 사랑, 매혹, 헌신 우리가 낭만으로 믿는 모든 것은 사실 유전자를 다음 세대로 더 안전하고 유리하게 전달하기 위한 치밀한 전략이다.

수컷의 전략은 단순했다. 가능한 많은 암컷과 짝짓기해 자신의 유전자를 널리 퍼뜨리는 것. 구석기 시대 남성은 사냥에서 가장 큰 먹잇감을 잡거나, 부족을 지키는 전투에서 승리해 지위를 높였다. 높은 지위는 곧 더 많은 번식 기회를 의미했다.

오늘날에도 이 본능은 사라지지 않았다.

사회적 성공, 고소득 직업, 넓은 어깨와 단단한 근육, 세련된 복장, 고급 자동차, 명품 시계, 모두 무의식적으로 "나는 강력한 유전자를 가진 자"라는 신호다. 심리학자 제프리 밀러는 이를 '성적 과시 이론'으로 설명하며, 남성의 창의성, 유머, 예술적 취향까지도 짝짓기 경쟁의 산물이라 분석했다.

문제는 이 신호가 종종 허위로 포장된다는 것이다. 비싼 차를 빌리거나, 경력을 과장하는 것 역시 공작 수컷이 화려한 깃털로 유전적 우수성을 과시하는 것과 같다. 단, 그 깃털이 때때로 플라스틱일 뿐이다.

그러나 암컷은 단순한 관객이 아니다. 암컷의 번식 전략은 훨씬 복잡하고 계산적이다. 번식 비용이 높고, 임신과 양육에 막대한 시간이 소요되기에 아무 수컷과 짝짓기하는 것은 위험하다. 암컷은 최고의 유전자를 선택하고, 장기적 자원과 보호를 제공할 수 있는 수컷을 유지해야 한다. 이를 위해 두 가지 상충하는 전략을 동시에 실행한다.

첫째, 안정적인 자원을 제공하는 배우자를 유지한다.

둘째, 더 뛰어난 유전자를 가진 수컷을 비밀리에 선택해 유전적 품질을 끌어올린다.

고대 인류 사회에서 이 전략은 자식의 생존 확률을 높였다.

현대 사회에서 우리는 이를 '외도'라 부르지만, 진화적으로는 계산된 위험이었다.

이 전략은 인간만의 것이 아니다. 보노보 암컷은 한 수컷과 장기적 유대를 맺으면서도 다른 수컷과 교미해 유전 다양성을 확보한다. 침팬지 사회에서도 알파 수컷과의 관계를 유지하면서 매력적인 다른 수컷과 은밀히 접촉한다. 심지어 새 세계에서도 비슷한 사례가 있다. 일부 조류 암컷은 둥지를 지켜주는 수컷과 함께 살면서도, 인근의 더 건강한 수컷과 교미해 알의 유전적 품질을 높인다. 인간이 이들과 닮아 있다는 사실은 결코 우연이 아니다. 이 유전자 전쟁은 세포 수준에서도 벌어진다.

로빈 베이커와 마크 벨리스의 연구에 따르면, 남성의 정자는 형태와 기능이 다양하다. 일부는 난자를 수정하는 '선봉대'이고, 일부는 경쟁자의 정자를 방해하는 '차단대'다. 여성의 생식 기관도 단순한 통로가 아니다. 원치 않는 수컷의 정자를 배제하거나, 유리한 유전자의 정자를 선택적으로 받아들이는 능동적 메커니즘이 발달했다. 즉, 자궁과 난자는 보이지 않는 심사위원처럼 작동한다.

짝을 맺은 이후에도 전쟁은 끝나지 않는다. 수컷은 질투와 감시를 강화해 경쟁자의 침입을 막고, 암컷은 상대의 헌신과 자원 제공 의지를 지속적으로 시험한다. 원시 사회에서 수컷은 동굴 입구를 지켰지만, 현대에서는 휴대폰 잠금 해제 요구, 위치 공유, SNS 활동 감시로 바뀌었다. 암컷은 기념일을 잊는 사소한 실수를 '자원 제공 의지'의 저하로 해석한다. '좋아요' 한 번, 응답 속도 변화가 곧 의심의 씨앗이 된다.

심리학자 데이비드 버스의 연구는 남성과 여성의 외도 반응 차이를 밝혀냈다. 남성은 성적 배신에, 여성은 정서적 배신에 더 강하게 반응한다. 남성에게는 '유전자의 혼합 위험'이, 여성에게는 '자원 상실'이 치명적이었기 때문이다. 이런 차이는 오늘날에도 남녀 갈등의 근본 원인으로 남아 있다.

현대 연애 시장은 또 다른 전장을 만들었다.

데이팅 앱의 매칭 알고리즘은 상위 20% 남성이 전체 여성 사용자 절반 이상과 연결되도록 설계돼 있다. 이는 일부 수컷이 번식 기회를 독점했던 원시 시대와 유사하다. 여성 사용자 역시 기회가 많아도 소수의 남성에게 집중한다. 무기는 창과 방패에서 프로필 사진, 직업, 재산, 디지털 신호로 바뀌었을 뿐이다.

고고학적 증거는 이 전쟁의 뿌리를 보여준다. 5만 년 전 무덤에서 발견된 장신구와 의례품은 단순한 장식이 아니라 '유전적 매력'의 신호였다. 장식이 화려할수록, 매장된 인물이 더 넓은 사회적 네트워크와 지위를 가졌음을 의미했다. 오늘날의 명품 소비 심리와 다르지 않다.

결국 인간의 연애와 결혼은 감정의 교류가 아니라 수십만 년 이어진 유전자 전쟁의 최신 버전이다. 이 전쟁을 이해하면 사랑의 혼란과 갈등이 단지 개인의 실패가 아니라, 진화가 남긴 전략 게임임을 깨닫게 된다. 중요한 건 질문이다. "나는 지금 사랑을 하는가, 아니면 유전자 전쟁을 치르고 있는가?"그리고 그 답은, 이미 당신의 몸속 깊이 각인돼 있다.

매혹의 향기, 목소리, 시선이 만드는 심리 조작

인간은 스스로를 이성적인 존재라고 믿는다. 그러나 누군가에게 강하게 끌리는 순간을 자세히 들여다보면, 그 믿음은 허무하게 무너진다. 우리는 그 이유를 "성격이 잘 맞아서"라거나 "대화가 통해서"라고 설명하지만, 실제로는 훨씬 더 원초적이고, 심지어 조작 가능성이 높은 감각적 신호에 반응하고 있다. 향기, 목소리, 시선 이 세 가지는 인간의 깊은 무의식을 자극하며, 상대를 '운명'이라 착각하게 만든다. 하지만 그 '운명'은 대개 뇌와 유전자가 짜놓은 정교한 각본에 가깝다. 향기는 인간 매혹의 가장 은밀하고 오래된 무기다. 우리는 대부분 그 존재를 의식하지 못하지만, 후각은 뇌에서 감정을 관장하는 변연계와 직접 연결되어 있어 논리적 판단을 거치지 않고 곧바로 감정과 기억을 건드린다.

스위스 동물학자 클라우스 베데킨트의 유명한 '땀 흘린 셔츠 실험'이 이를 잘 보여준다. 실험에서 여성들은 유전적으로 자신과 가장 다른 남성의 체취를 매력적으로 느꼈다. 이는 자식의 면역력을 강화할 수 있는 유전적 다양성을 확보하려는 본능의 산물이다. 흥미롭게도 이 매혹은 향수나 인공 향기보다 '자연스러운 체취'에서 강하게 발현된다. 문화권마다 향기를 매혹의 무기로 사용하는 방식은 다르다.

고대 이집트 왕족은 향유를 머리에 발라 정치적 동맹과 결혼 협상에서 우위를 점했고, 프랑스 궁정의 귀족들은 강렬한 머스크향과 장미향으로 경쟁자보다 두각을 나타내려 했다. 오늘날에도 향수 브랜드들은

'이 향수를 뿌리면 그가 당신을 잊지 못한다'는 메시지로, 수만 년 전부터 내려온 유전자의 언어를 상업적으로 활용한다.

목소리는 단순한 소리가 아니다. 그 높낮이, 억양, 발음 속에는 건강 상태, 호르몬 수치, 심리적 안정 여부까지 담겨 있다. 깊고 낮은 남성의 목소리는 테스토스테론과 연결되어 여성에게 '강한 보호자' 이미지를 준다. 부드럽고 안정된 목소리는 장기적인 신뢰감을 불러일으키며, 이는 '안정된 가정을 만들 능력이 있는 배우자'라는 신호로 해석된다. 여성의 목소리도 배란기에는 미묘하게 맑아지고 선명해진다. 미국 라스베이거스대의 연구에 따르면, 남성들은 실험 대상 여성의 배란기 목소리를 무의식적으로 더 매력적으로 평가했다. 이 반응은 "좋다"는 감정 이전에 뇌가 이미 '지금이 번식에 적합한 시기'라는 신호를 읽었기 때문이다. 역사 속 권력가들도 목소리를 매혹과 설득의 도구로 썼다. 윈스턴 처칠은 연설 전에 일부러 숨을 고르고 발음을 늦춰, 청중이 그의 말에 '감정적으로' 반응하게 만들었다. 오늘날에는 정치 연설, 라디오 광고, 영상 콘텐츠까지, 목소리의 심리적 효과가 전방위적으로 활용되고 있다.

시선은 매혹의 마지막이자 가장 강력한 심리적 방아쇠다. 두 사람이 눈을 마주치는 순간, 뇌는 도파민과 옥시토신을 분비한다. 도파민은 강렬한 쾌감을, 옥시토신은 유대감을 강화한다. 시선이 길어질수록 이 화학 반응은 증폭된다. 연인들이 서로를 오래 바라볼수록 더 사랑에 빠진다고 느끼는 이유가 여기에 있다. 그러나 시선은 단순히 사랑의 도구가 아니라 권력의 도구이기도 하다. 심리학 실험에서 협상가가 시선을 길게 유지하면, 상대는 무의식적으로 압박을 느끼고 양보 확률이 높아졌다.

고대 로마의 장군들은 적과 협상할 때 일부러 시선을 고정해 심리적 우위를 점했고, 현대 정치인들은 TV 토론에서 카메라와의 눈맞춤으로 유권자에게 직접 설득하는 효과를 노린다.

이 세 가지 요소가 동시에 작동하면, 매혹은 거의 '무기'에 가깝다. 은은한 체취가 주변을 감싸고, 부드러운 목소리가 귀를 스치며, 깊은 시선이 이어질 때, 상대의 무의식은 순식간에 열리고 방어벽은 무너진다. 우리는 이를 '첫눈에 반했다'고 부르지만, 사실은 감각적 신호들이 뇌의 합리적 필터를 우회해 본능을 직접 자극한 결과다. 디지털 시대에도 이 메커니즘은 여전히 유효하다. 인스타그램 라이브 방송에서 미묘한 웃음과 시선 처리, ASMR 콘텐츠의 낮고 부드러운 목소리, 개인화 향기 마케팅까지 기술은 오히려 매혹의 심리 조작을 더 정교하게 만들고 있다. 문제는 매혹이 장기적 호환성과는 별개라는 점이다. 향기·목소리·시선에 이끌려 관계를 시작했지만, 시간이 지나면 성격·가치관·생활 습관의 불일치가 드러난다. 그럼에도 이 짧은 매혹의 순간이 인간 역사에서 수많은 시와 소설, 전쟁과 평화를 만들어왔다. 이제 우리는 물어야 한다. 매혹이란 정말 운명일까, 아니면 진화가 설계한 생존 전략일까? 아마 진실은 그 사이 어딘가에 있을 것이다. 중요한 것은, 매혹이 결코 무해한 감정이 아니라는 사실이다. 그것은 원시 시대부터 우리의 짝짓기와 생존을 위해 작동해온 심리 장치이며, 지금도 여전히 우리 선택의 배후에서 조용히 조종하고 있다. 이 장치를 의식적으로 들여다보는 순간, 우리는 더 이상 그 마법에 무방비로 휘둘리지 않는다. 그리고 그때 비로소, 매혹이라는 강력한 힘을 사랑의 연료로 삼을지, 혹은 경계해야 할 위험 요소로 삼을지 스스로 선택할 수 있다.

chapter 4

서열과 비굴함

강자에게는 아첨, 약자에게는 폭력

아침 회의실. 상사는 단 한마디 말도 없이 노트를 덮는다. 그 순간 공기는 얼어붙지만, 곧 누군가의 목소리가 부드럽게 흐른다. "부장님, 어제 회의 안건 정말 통찰력이 대단했습니다." 그 옆자리에서 다른 동료는 조용히 눈을 내리깔고 숨을 고른다. 단 한마디의 칭찬이 그 자리에 있는 모든 사람의 서열을 명확하게 그린다. 이 장면은 단지 예의범절이 아니라, 인류가 수십만 년 동안 몸에 새겨온 생존 전략의 현대판이다.

진화심리학에 따르면, 약자는 강자에게 기회를 얻기 위해 '굴복 신호'를 보낸다. 원시 수렵 채집 사회에서 알파 수컷이나 무리의 지도자는 자원과 짝을 배분하는 권한을 가졌다. 강자에게 맞서다 부상을 입는 것은 곧 생존의 위험이었기에, 오히려 웃음을 띠고 허리를 굽히는 편이 훨씬 안전했다. 이 유전적 습관은 사라지지 않았다. 단지 권력의 형태만 바뀌었을 뿐이다.

강자 앞에서의 아첨은 미묘한 기술이다. 고개 숙임의 각도, 목소리 톤, 타이밍-all이 계산된다. 정치 무대에서 장관이 대통령의 농담에 맞춰 과하게 웃는 모습, 대기업 임원이 회장 옆에서 고개를 살짝 기울인 채 맞장구치는 장면은 마치 새끼 원숭이가 우두머리 수컷의 털을 골라주는 '그루밍' 행위처럼 보인다.

그루밍은 단순한 위생 행위가 아니라 서열을 확인하고 유대를 공고히 하는 신호였다. 하지만 흥미로운 점은, 이런 굴복이 항상 약자의 생존에만 유리한 건 아니라는 것이다. 너무 과도한 아첨은 강자에게 '경계의 신호'를 보낼 수 있다. 진화적으로 보면, 지나친 복종은 "이 자는 언제든 뒤집힐 수 있는 잠재적 경쟁자"라는 의심을 자극하기도 한다. 즉, 강자에게 잘 보이기 위해 던진 미소가 때로는 스스로의 목을 죄는 올가미가 될 수도 있다.

반대로, 약자에게는 폭력이 훨씬 쉽게 발휘된다. 직장에서 하급 직원에게 함부로 반말을 하거나, 음식점에서 서빙하는 직원에게 투명인간 취급을 하는 사람들의 행동은 원시 사회의 '지배적 포식자'의 그림자를 드리운다. 강자에게 향할 수 없는 공격성이 약자에게 전이되는 것이다.

심리학에서는 이를 '대상 전치(displacement)'라 부른다. 이는 사자가 먹이 사슬 아래 있는 하이에나를 공격하듯, 위험이 적은 대상을 골라 폭발하는 본능적 패턴이다.

SNS 시대에도 이 구조는 여전하다. 팔로워 수가 많은 인플루언서에게는 공손하고 친절하게 대하지만, 팔로워가 적거나 영향력이 없는 사람의 글에는 비난과 조롱을 서슴지 않는다. 디지털 공간의 댓글창은 원시 초원의 수풀과 같아, 안전하다고 판단되는 방향으로만 발톱을 드러내는 전장이다.

이러한 행동 양식은 동물 세계에서도 반복된다. 침팬지 사회에서 낮은 서열의 수컷은 알파 수컷에게 먹이를 양보하지만, 그 먹이를 다시 더 약한 개체에게 빼앗는다. 심지어 닭의 '서열 쪼기(pecking order)'에서도, 최하위 닭은 자신보다 약한 닭이 없을 경우 자기 깃털을 뽑아가며 스트레스를 발산한다. 인간 역시 같은 구조 속에 있다.

더 흥미로운 것은 서열과 비굴함이 한 개인 안에서도 '양면성'으로 공존한다는 점이다. 같은 사람이 회장 앞에서는 웃으며 허리를 숙이고, 부하 직원 앞에서는 목소리를 높인다. 이 모순은 개인의 성격 결함이 아니라, 권력 구조 속에서 작동하는 본능적 적응 전략이다.

그러나 이 본능은 문명사회에서 문제를 낳는다. 강자에게만 예의 바르고 약자에게는 무례한 문화는 조직을 부패시키고, 사회적 신뢰를 무너뜨린다. 실제로 하버드대의 조직심리 연구에 따르면, 직장 내 서열 불균형이 심한 기업일수록 장기적으로 수익성이 낮아지고 인재 유출이 심각해졌다. 이는 서열 구조가 단기적 생존에는 유리해도, 장기적 번영에는 해롭다는 것을 보여준다.

결국, 강자에게 아첨하고 약자에게 폭력을 행사하는 패턴은 사라지지 않는다. 하지만 우리가 문명을 가졌다는 건, 이 본능을 의식적으로 제어할 수 있는 힘을 가졌다는 뜻이기도 하다. 원시 초원에서는 굴복이 생존을 의미했지만, 현대 사회에서는 정직한 협력과 공정한 대우가 오히려 더 큰 권력과 존경을 만든다. 문제는, 당신이 내일 아침 회의에서 무심코 띄운 미소가 진심이었는지, 아니면 본능이 시킨 생존 전략이었는지 스스로 구별할 수 있느냐는 것이다.

뇌는 나를 배신하고 군림과 굴종을 만든다

권력 앞에서 인간은 생각보다 훨씬 단순하게 반응한다. 거대한 빌딩 로비에서 반짝이는 구두와 맞춤 정장을 입은 CEO가 다가올 때, 우리의 심장은 알게 모르게 빨라지고, 목소리는 낮아진다. 반대로 허름한 복장의 배달원이나 낯선 사람 앞에서는 표정이 느슨해지고 경계심이 낮아진다. 이 차이는 품격이나 교양의 문제가 아니다. 뇌가 강자와 약자를 감지할 때 켜는 본능적 화학 회로의 결과다.

고대 수렵채집 사회에서 리더는 생존의 핵심이었다. 그는 사냥 전략을 짜고 외부 부족의 침입을 막았다. 리더 곁에 서 있느냐, 아니냐가 생사의 갈림길이었다. 뇌는 이 기억을 보관했다. 강자를 만나면 도파민을 분비해 기대감을 높이고, 옥시토신으로 친밀감을 만들며, 세로토닌으로 안정감을 주입한다. 단 몇 초 만에 "이 사람 곁에 있으면 살아남는다"라는 계산이 끝난다.

문제는 이 화학 반응이 우리의 판단력을 무디게 한다는 점이다. 권력자 앞에서 뇌의 굴종 회로가 켜지면, 부당한 상황에서도 침묵한다.

스탠리 밀그램의 복종 실험은 이를 보여준다. 흰 가운을 입은 실험자의 권위 있는 한 마디에 평범한 참가자들이 다른 사람에게 전기 충격 버튼을 누를 수 있었다. 그 순간 뇌는 도덕적 판단보다 "권위에 복종하는 것"을 우선했다.

흥미로운 건 권력을 쥔 사람의 뇌도 변한다는 사실이다. 권력을 얻으면 테스토스테론 수치가 상승하고, 이는 공격성과 위험 감수 성향을 높인다. 동시에 도파민이 과잉 분비돼 더 큰 권력을 탐하게 된다.

스탠퍼드 감옥 실험에서 교도관 역할을 맡은 학생들이 며칠 만에 폭력적 권위주의자로 변한 것도 같은 이유다. 권력은 단지 역할을 바꾸는 것이 아니라, 뇌의 배선을 재설계한다.

역사는 권력의 마법이 얼마나 강력한지 반복해 증명한다.

로마의 카이사르는 전차 위에서 군중을 내려다보며 눈을 마주쳤다. 그 순간 군중의 뇌는 시각 자극과 도파민 반응을 연결해 "이 사람은 나를 이끌 강자"라는 확신을 강화했다. 히틀러의 대규모 집회와 깃발, 조명, 구호는 뇌의 반응을 극대화시킨 장치였다. 현대 정치와 비즈니스도 다르지 않다.

글로벌 기업 CEO의 무대, 정치인의 유세, SNS 인플루언서의 프로필까지 모두 권력 신호를 증폭하는 전략이다. 잘 다려진 슈트, 하이힐, 명품 시계나 가방은 단순한 취향이 아니라 "나는 높은 서열에 속한다"는 뇌 자극 장치다.

권력의 마법은 순기능과 역기능을 동시에 가진다. 순기능은 집단을 안정시키고, 위기 상황에서 빠른 의사결정을 가능케 한다는 점이다. 하지만 역기능은 집단사고(groupthink)를 불러 비이성적 결정을 고착화한다.

1986년 챌린저호 폭발은 NASA 내부의 권력 구조와 복종 문화가 기술적 위험 신호를 무시하게 만든 대표 사례다. 몇몇 엔지니어가 발사 연기를 권고했지만, 위계와 권위에 눌려 목소리를 내지 못했다. 더 무서운 건 군림과 굴종이 서로를 강화하는 루프를 형성한다는 점이다. 권력자는 자신의 권력을 정당화하고, 피권력자는 굴종을 안전한 선택으로 합리화한다. 이때 뇌는 현실을 다시 그린다.

강자는 “나는 이끌 자격이 있다”고 믿고, 약자는 “나는 따르는 게 맞다”고 느낀다. 이 심리 구조가 제국과 기업, 가문을 수백 년간 존속시켰다.

이 마법에서 벗어나려면 뇌의 반응을 먼저 자각해야 한다. 강자 앞에서 심장이 빨라지고 어깨가 움츠러드는 순간을 포착하는 것이다. 그 반응이 반드시 존경에서 나온 것은 아니다. 단지 생존 본능이 만들어낸 환상일 수 있다. 반대로 권력을 쥔 사람은 테스토스테론과 도파민의 함정을 경계해야 한다. 권력의 쾌감은 타인을 지배하고 싶다는 욕망을 과도하게 부풀린다.

역사와 과학은 이렇게 경고한다. 권력은 손에 쥔 지위가 아니라 뇌를 바꾸는 화학적 마법이다. 이 메커니즘을 이해할 때, 우리는 비로소 질문할 수 있다.

> “나는 지금 진짜 리더를 따르고 있는가, 아니면 뇌가 만들어 낸 착시에 굴복하고 있는가?”

권력의 신호는 지금도 당신 곁에서 울리고 있다. 회의실에서 가장 직급이 높은 사람이 입을 열면, 아무리 반대 근거가 명확해도 손을 들기 어려워진다.

카페에 들어온 낯선 이가 명품 가방을 들고 있으면, 당신의 뇌는 이미 ‘그는 성공한 사람일 것’이라는 신호를 보낸다. 뇌가 만들어낸 착시는 그렇게 일상의 판단까지 왜곡한다.

정치와 기업의 무대는 이 원리를 극대화한다. 대통령의 연설 장면은 카메라 각도, 조명, 박수 타이밍까지 계산된다. 글로벌 브랜드는 모델의 눈빛과 로고의 위치를 뇌 자극 장치로 활용한다. 인플루언서는 완벽하게 세팅된 배경과 음악을 이용해 "나를 따르라"는 무언의 신호를 강화한다. 당신이 스크롤을 내릴 때마다 뇌는 도파민을 분비하며 권력 신호를 받아들인다.

한번 스스로에게 물어보라.

"나는 마지막으로 권위 앞에서 왜 아무 말도 못했는가?"

"내가 누군가를 존경한다고 믿었지만, 사실은 단지 그의 지위에 반응한 것은 아니었는가?"

"나는 지금 따르고 있는 리더가 진짜 리더인가, 아니면 뇌가 만들어낸 착시인가?"

권력 앞에서 변하는 뇌의 화학 반응

사람은 권력을 보면 변한다. 더 정확히 말하면 뇌가 변한다. 권력을 쥔 순간, 혹은 권력 앞에 무릎 꿇는 순간, 뇌 속 화학물질의 분비가 달라지면서 평소와는 전혀 다른 사람이 된다. 우리가 흔히 "저 사람, 권력 잡더니 달라졌네"라고 말할 때, 그것은 단순한 성격 변화가 아니다. 신경전달물질과 호르몬이 만들어낸 생물학적 반응이다. 마치 다른 조종사가 조종간을 잡은 듯, 의사결정과 감정, 행동 패턴이 완전히 달라진다. 이 변화는 권력을 쥔 자와 그 앞에서 굴종하는 자 모두에게 동시에 일어난다.

권력을 쥔 자의 뇌에서는 도파민과 테스토스테론이 상승한다. 도파민은 보상회로를 자극하여 "더 하고 싶다"는 충동을 강화한다. 테스토스테론은 자신감을 끌어올리고 위험 감수 성향을 높인다. 이 조합은 단기적으로는 결단력과 추진력을 제공하지만, 장기적으로는 무모함과 독선으로 이어지기 쉽다.

스탠퍼드 대학의 데이비드 루이스 박사는 이를 권력 중독 효과라 불렀다. 장기간 권력을 쥔 사람의 뇌는 마치 코카인을 오래 복용한 사람의 뇌처럼 보상 민감도가 떨어진다. 그래서 점점 더 큰 자극, 더 과감한 결정, 더 위험한 도박을 찾아 나선다. 알렉산더 대왕의 무모한 원정, 루이 14세의 끝없는 전쟁, 그리고 현대 금융위기의 투기 열풍은 모두 이러한 뇌의 보상 회로가 만들어낸 결과였다.

반대로 권력 앞에 선 사람의 뇌에서는 코르티솔이 분비된다. 코르티솔은 스트레스 호르몬으로, 생존 상황에서 몸과 마음을 '순응 모드'로 전환시킨다. 눈을 피하고 목소리를 낮추며, 심지어 비판적 사고를 담당하는 전두엽 활동이 억제된다.

하버드대 사회심리학자 에이미 커디는 이를 "생존을 위한 본능적 반응"이라고 설명했다. 원시 사회에서 강자 앞에서 굴종하지 않으면 목숨을 잃을 수 있었기에, 인간은 굴종의 본능을 유전자 속에 새겨 두었다. 그래서 오늘날에도 회의실에서 CEO가 들어오면 분위기가 바뀌고, 재판정에서 피고인의 목소리가 낮아지는 현상이 자연스럽게 나타난다.

이 두 가지 뇌 반응은 정치·경제·기업·가정·연애에 이르기까지 사회 전반에서 매일같이 드러난다.

고대 로마 원로원에서 황제가 입장하면 의원들이 즉시 몸을 숙이고 발언을 줄였다. 현대 기업의 회의실에서는 CEO의 한마디가 전략보다 더 큰 영향을 미친다. 흥미로운 점은, 권력자의 뇌가 재편성되는 순간, 그를 바라보는 사람들의 뇌도 동시에 변한다는 사실이다. 권력은 한쪽이 강해져서 유지되는 것이 아니라, 군림과 굴종이 서로를 자극하며 '화학적 공명'을 이루기 때문에 지속된다.

심리학에서는 이를 권력 거리(Power Distance)라 한다. 권력 거리가 큰 사회일수록 권력자는 절대적 권한을 행사하고, 구성원은 더 깊이 복종한다. 반대로 권력 거리가 낮은 사회는 수평적 관계가 비교적 강하다. 하지만 뇌의 화학 반응이 사라지는 것은 아니다.

스칸디나비아 국가처럼 권력 거리가 낮은 나라에서도 위기 상황이 닥치면 즉시 원시적 위계 반응으로 돌아간다. 코로나 팬데믹 당시 각국 정부가 내린 강력한 봉쇄 조치에 시민들이 쉽게 순응한 것도 이 뇌 반응과 관련이 있다.

이 메커니즘은 권력의 '양날성'을 보여준다. 권력을 쥔 자의 도파민·테스토스테론 증가는 창의성과 결단력을 키우지만 동시에 오만과 충동성을 불러온다. 굴종하는 자의 코르티솔 반응은 위험을 피하게 하지만 동시에 목소리를 잃게 만든다. 챌린저호 폭발 사건이 대표적이다. 몇몇 엔지니어들이 위험을 경고했으나, 위계 구조와 권위 앞에서 침묵했고, 그 결과 비극이 발생했다.

역사는 이 화학 반응이 권력의 탄생과 몰락을 결정지어 왔음을 보여준다.

프랑스 혁명 당시 루이 16세는 권력을 잃는 순간 도파민과 테스토스테론이 급락하고, 공포 호르몬인 코르티솔이 치솟았다. 반대로 군중들의 뇌에서는 억눌려 있던 코르티솔이 줄고 도파민이 분출되면서, 집단적 자신감과 해방감이 폭발했다. 권력은 제도와 법률만이 아니라 뇌 속 화학적 균형으로도 설명된다.

권력의 신호는 일상의 세세한 곳에까지 스며들어 있다. 잘 다려진 양복과 권위적인 말투, 권력자의 전용 의자와 전용 차량은 단순한 장식이 아니라 뇌의 위계 회로를 자극하는 장치다. 정치인의 유세 무대, 기업 임원의 발언 방식, 심지어 SNS 인플루언서의 사진 속 배경까지 모두 권력 신호로 기능한다. 뇌는 그 신호를 해석하며 본능적으로 순응 혹은 군림 모드로 전환된다.

그렇다면 우리는 어떻게 이 화학 반응을 넘어설 수 있을까. 뇌의 자동 반응을 의식화하는 것이 첫걸음이다. 권력 앞에서 목소리가 작아지고 눈을 피하는 순간, 왜 내가 이런 반응을 보이는지 질문해야 한다. 권력을 쥔 순간, 왜 내가 더 큰 통제와 과감한 선택에 끌리는지 성찰해야 한다.

연구자들은 자기 인식(self-awareness)이 뇌의 자동 반응을 완화시킨다고 말한다. 실제로 일부 리더십 훈련에서는 권력자가 주기적으로 '자신을 거울에 비추는' 시간을 갖도록 한다. 권력의 중독성을 스스로 끊어내기 위해서다.

이제 질문을 당신에게 던져보자. 회의실에서 상사가 들어올 때 왜 목소리가 낮아지는가. 중요한 결정권을 쥐었을 때 왜 평소보다 더 큰 모험을 하고 싶은가. 연인 관계에서 주도권을 가진 쪽이 왜 점점 상대방을 시험하려 드는가. 권력은 멀리 있는 정치인의 문제가 아니라, 지금 이 순간 당신의 뇌에서 일어나는 화학 반응이다. 이를 이해할 때, 우리는 권력에 휘둘리지 않고 권력과의 거리를 새롭게 정의할 수 있다.

무릎 꿇는 유전자의 흔적

복종은 도덕 교육의 산물이기 전에 생존 기술이었다. 사냥감과 포식자, 이웃 무리와의 경계가 흐릿했던 시절, 한 개인의 과감함보다 더 많은 목숨을 살린 것은 "지금은 물러나야 한다"를 집단적으로 동시에 이해하는 능력이었다. 이 능력은 우연히 생긴 습관이 아니라, 수만 년의 선택 압력 아래에서 다듬어진 성향들의 묶음이다.

유전자는 "항상 복종하라"는 명령을 새기지 않는다. 다만 "상황이 이렇다면 기꺼이 고개를 숙이는 쪽이 살아남을 확률이 높다"는 경향을 강화한다. 그래서 복종은 운명이라기보다 확률의 편향, 즉 살아남은 행동 패턴의 흔적이다.

무릎을 꿇는 자세 자체가 하나의 신호였다. 몸집을 줄이고 시선을 낮추며 목을 노출하는 일련의 동작은 '나는 싸울 의사가 없다'라는 명료하고 비용이 드는 신호였다. 비용이 든다는 사실이 중요하다. 싸울 준비를 갖춘 상대는 이 신호를 오래 유지하기 어렵다. 위험 앞에서 오래 엎드린 자세, 무장 해제된 손바닥, 등 뒤를 보이는 회피 동작은 모두 거짓말하기 힘든 '정직한 신호'였다. 코스트가 큰 신호만이 진압을 멈추게 한다는 점을 오래전 우리의 조상은 몸으로 배웠다.

오늘날 궁정의 절, 종교의 큰절과 예배의 무릎 꿇음, 군주의 앞에서의 엎드림은 그 원시적 신호를 문화가 보존한 형식들이다. 의례는 우연히 생기지 않는다. 집단이 살아남는 데 유용했던 행동만이 반복되어 의식이 된다.

복종 성향이 어떻게 선택되었을까. 작은 무리에서 가장 위험한 것은 외부의 맹수가 아니라 내부의 불협화였다. 사냥 타이밍을 맞추고, 도망과 방어의 순서를 정하며, 식량 분배의 룰을 지키지 못하면 집단 전체가 위험했다. 이때 지도자의 지시에 신속히 합의하고 이행하는 무리가 갈라지는 무리보다 더 오래 버텼다. 즉, 외부 환경의 압력이 큰 사회일수록 '규범을 단단히 묶는 성향', '상황 신호에 따라 신속히 복종하는 성향'이 집단 생존률을 높였다.

오늘날 다양한 문화권에서 위협이 많았던 지역일수록 규범이 빡빡하고 일탈에 대한 처벌이 강한 경향이 관찰되는 것도 같은 맥락이다. 환경이 만든 긴장도는 개인 심리의 평균값을 바꾸고, 그 평균값이 다시 다음 세대의 양육과 규범을 통해 문화유전 공진화의 궤적을 남긴다.

복종은 약함의 반대말일 때가 많다. 지배자 하나를 정면에서 이길 힘이 없을 때, 다수의 약자가 선택한 전략은 '동의된 복종'이었다. 표면상으로는 고개를 숙이되, 내부적으로는 규칙을 통해 지배를 제어하는 방식이다. 사냥채집 사회에서 흔히 보이는 '오만한 자를 낮추는 풍자와 조롱', 과하게 사냥감을 자랑하는 이를 공동체가 놀려 기세를 꺾는 관행은 개인의 폭주를 억제하려는 집단적 장치였다. 이것은 거꾸로 선 위계다. 한 사람이 군림하려 들면, 다수가 결탁해 그를 다시 동료로 끌어내린다. 이 제도화된 "고개 숙이기"는 비굴이 아니라 생존을 위한 정치 기술이었다. 개인은 복종의 제스처로 갈등을 피하고, 집단은 복종의 규칙으로 독재를 막는다. 살아남기 위해 모두가 동시에 조금씩 숙였다.

복종은 언어 이전의 신호 체계에 뿌리를 둔다. 표정을 매만지고, 말끝을 낮추며, 몸의 거리와 각도를 조절하는 미세 동작들은 오래된 동물적 문법의 인간적 버전이다. 침팬지와 보노보의 위계 신호는 다르지만, 공통으로 보이는 것은 '시선 회피'와 '몸 낮추기'다. 인간이 사회화 과정에서 자연스럽게 배우는 "앉아 듣기", "선배 앞에서는 먼저 말하지 않기", "먼저 악수하지 않기" 같은 규칙들은 이 원형 문법이 제도와 예절로 치환된 형태다. 형식은 바뀌어도 신호의 의미는 같다.

'당신을 위협하지 않겠다, 당신의 리듬에 맞추겠다.' 이 신호를 신속하고 정확하게 내보내는 사람일수록 혼란기에도 충돌을 덜 겪고, 기회를 더 빨리 얻었다.

복종 성향은 개인 내에서 고정된 성격이 아니라 맥락에 민감한 스위치였다. 위협이 높고 자원이 희소한 순간에는 스위치가 '온'이 되고, 여유가 생기면 '오프'가 된다. 이 가변성이야말로 복종이 생존 전략으로 선택될 수 있었던 핵심이다. 항상 굽히기만 하는 개체나, 항상 대드는 개체는 모두 위험했다. 굽힐 때를 아는 유연함, 즉 신호를 읽고 타이밍을 맞추는 감각이 전수되었다. 유전자는 회로의 민감도를 조절하고, 문화는 그 회로를 언제 켜고 끌지에 대한 사용설명서를 남겼다.

복종은 또한 정보비용을 줄이는 장치였다. 위계가 분명할수록 의사결정은 빠르고 예측 가능해진다. 예측 가능성은 공포를 줄이고, 공포가 줄어들면 협력이 쉬워진다. 그래서 전염병, 전쟁, 기근 같은 외부 위협이 커질수록 사람들은 자발적으로 '명령과 복종' 구조로 이동한다. 이는 비합리의 산물이 아니라, 생존 확률을 극대화하는 합리의 한 형태다. 문제는 위협이 사라진 뒤에도 그 구조가 관성으로 남을 때다. 위기가 끝난 뒤에도 무릎을 펴지 못하면, 복종은 기능을 넘어 굴레가 된다. 우리의 과제는 스위치를 켜는 법만큼 끄는 법도 아는 것이다.

유전적 흔적은 행위의 절대 명령이 아니라 경향성으로 남는다. 여기에는 위계 신호에 민감한 기질, 다수의 시선에 동조하는 경향, 낯선 위험 앞에서 행동을 보류하는 경계성은 모두 복종 전략의 구성요소다. 흥미로운 것은 이러한 기질이 양육과 학습을 통해 증폭되거나 완화된다는 점이다.

어린 시절 집과 학교, 마을의 규칙성이 강하고 위협이 빈번했을수록, 뇌는 예측 가능성을 최고 가치로 학습한다. 그 학습은 유전자가 제공한 민감도를 타고 커지며, 성인이 된 뒤에도 '큰 소리', '갑작스러운 권위 신호'에 빠르게 반응하는 체계를 만든다. 우리는 자주 성격이라고 부르지만, 그 밑에는 위기 지형에 맞춰진 적응의 역사, 즉 생존의 문법이 있다.

복종의 역사는 종종 종교와 법의 언어로 정교화 됐다. 보이지 않는 절대자 앞에서 고개를 숙이는 의례, 법정에서 일어나 판사에게 예를 표하는 절차, 군대의 경례와 구령이 모든 것은 권위에 대한 복종을 반복 학습시키는 장치다. 이 장치는 장점과 위험을 함께 갖는다. 장점은 공동체의 리듬을 맞추고, 갈등의 폭발을 줄인다는 것. 위험은 권위를 의심할 회로를 마비시키는 것이다. 균형의 요체는 '누구에게, 무엇에, 언제' 복종할지를 구분하는 능력이다. 복종이 대상을 잘못 만나면 문명은 망가지고, 대상을 제대로 만나면 문명은 빨라진다.

우리는 이제 질문을 바꿔야 한다. "왜 사람들은 비굴할까?"가 아니라 "언제, 어떤 환경에서 복종이 최적 전략이었나?"라고. 질문이 바뀌면 해석이 달라진다. 개인의 도덕성만으로 설명할 수 없는 장면들이 이해된다. 재난 때 명령을 기다리는 군중, 회의실에서 가장 먼저 상사의 눈치를 보는 말투, 줄 세우기에 익숙한 교육 관행 이것들은 게으름의 결과가 아니라, 위험의 기억이 만든 자동화 전략이다. 이 자동화는 우리를 지켜왔지만, 지금도 옳다는 보장은 없다. 환경 파라미터가 달라졌다면, 전략도 업데이트되어야 한다.

마지막으로, 무릎을 꿇는 능력은 역설적으로 서 있을 힘의 일부다. 필요한 때에만 숙이고, 끝나면 곧장 일어서는 근육, 잘못된 권위 앞에서 무릎이 굳어지지 않도록 단련된 감각, 누군가를 굴복시키는 대신 모두가 살아남을 수 있는 규칙을 만드는 지성. 이것이 복종의 유산을 어른의 언어로 번역하는 일이다. 우리의 유전자는 생존을 위해 복종의 경향을 남겼다.

우리의 과제는 그 경향을 무조건 따르는 것이 아니라, 언제 따르고 언제 거부할지 결정하는 판단을 진화시키는 것이다. 무릎은 기억한다. 그러나 기억만으로는 앞으로 걷지 못한다. 숙이고 일어서는 리듬을 배울 때, 복종은 더 이상 굴욕이 아니라 생존과 존엄을 동시에 지키는 기술이 된다.

표정, 말투, 몸짓으로 지배하는 기술

권력은 칼과 법률로만 행사되는 것이 아니다. 훨씬 은밀하고 오래 지속되는 힘은 말 없는 언어에서 나온다. 표정, 말투, 몸짓이 세 가지는 인류가 문자 이전에 이미 터득한 지배의 도구였다. 사람은 말을 하지 않아도 서로의 서열을 감지하고, 그 서열에 맞춰 행동을 조율한다. 그 근원에는 수십만 년 동안 축적된 비언어적 신호의 해석 능력이 있다. 이 능력은 누가 명령권을 갖고 있는지, 누가 거역하면 위험한지, 누가 기회를 줄 수 있는지를 본능적으로 판단하게 만든다.

표정은 지배의 첫 번째 언어다. 미소는 친밀함을 주지만, 권력의 미소는 다르다. 그것은 입 꼬리보다 시선에서 먼저 느껴진다. 눈빛이 오래 머물지 않고, 상대의 움직임을 평가하는 듯한 순간적 고정이 있다. 반대로 화를 드러내는 표정도 권력의 도구다. 권력을 가진 사람은 분노를 흘려보내는 방식조차 계산한다. 무리한 고함 대신, 잠시 침묵과 응시로 상대를 얼어붙게 만든다. 이 침묵은 언어보다 강력하다.

사회심리학 실험에서도 권력자가 3초 이상 응시하는 것만으로도 상대의 심장 박동과 호흡이 빨라지고 발화 속도가 줄어드는 효과가 확인된다.

말투는 지배의 두 번째 언어다. 단어의 선택보다 더 중요한 것은 '간격'과 '리듬'이다. 권력을 가진 사람의 말투는 보통 서두르지 않는다. 느리게 말하는 것이 정보를 오래 잡아두고 있다는 인상을 준다. 또, 질문을 던질 때도 답을 재촉하지 않는다. 이 간격은 청자의 불안을 키운다.

그리고 의도적으로 단어를 절제한다. 짧고 명확한 문장은 단순하지만, 그 단순함이 명령의 무게를 싣는다. 반대로 권력이 불안할 때는 말이 많아진다. 불필요하게 길어지는 설명과 과도한 친절은 힘이 균열될 때 나오는 방어적 말투다.

몸짓은 지배의 세 번째 언어이자, 무대 위에서 가장 강한 신호다. 공간을 점유하는 방식이 대표적이다. 회의실에서 권력자는 자리를 넓게 쓰고, 손을 테이블 위에 두며, 움직임이 느리다.

심리학자 조 앙드레스의 연구에 따르면, 신체를 크게 사용하는 '하이 파워 포즈'는 보는 사람에게 우월성을 강하게 인식시키고, 그 인식이 다시 복종 행동을 유도한다. 심지어 말 한마디 하지 않아도, 문을 천천히 열고 들어와 시선의 중심에 서는 것만으로도 방의 공기를 장악할 수 있다.

이 세 가지 언어는 단독으로도 작동하지만, 가장 강력할 때는 서로 맞물려 움직인다. 예를 들어, 상대가 잘못을 저질렀을 때 권력자는 즉시 꾸짖지 않는다. 먼저 잠시 침묵하고, 고개를 천천히 젖히며, 짧은 질문을 던진다. "그게… 네 선택이었나?" 표정, 몸짓, 말투가 동시에 던져지는 순간, 상대는 논리적 설득이 아니라 생리적 반응 심장 박동 증가, 호흡 억제, 체온 변화에 휘둘린다. 이런 반응은 수만 년 전 무리 생활에서 강자를 마주쳤을 때의 방어 기제와 똑같다.

문제는 이 언어가 의도적으로 학습되고 훈련될 수 있다는 점이다. 역사 속 많은 독재자와 지배자는 이런 신호를 본능적으로 알고 있거나, 철저히 연습했다.

나폴레옹은 연설 전 거울 앞에서 시선과 손짓을 반복했고, 스탈린은 회의에서 15분 이상 침묵한 뒤 단 한 마디로 분위기를 바꿨다. 심지어 오늘날 CEO 리더십 코칭에서도, '발언 전 2초 침묵', '손을 허리 위로 올리지 말 것', '어깨를 내리고 턱을 들 것' 같은 세밀한 지배 언어 훈련이 포함된다.

권력의 언어는 단순한 카리스마가 아니다. 그것은 인류가 오랜 세월 동안 구축해온 서열의 문법이며, 무의식의 깊은 층에 각인된 생존 규칙이다. 표정, 말투, 몸짓은 말보다 오래 기억되고, 명령보다 쉽게 복종을 끌어낸다. 그리고 이 언어는 선의에도 쓰이지만, 악의에도 쓰인다.

우리가 해야 할 일은 그 언어를 인식하는 것이다. 인식하는 순간, 그것의 마력은 약해진다. 권력은 보통 '말한 것'보다 '말하지 않은 것'에서, '움직임'보다 '멈춤'에서 힘을 발휘한다. 침묵과 시선, 간격과 리듬 그 모든 것이 결국 권력의 가장 오래된 사전이다.

PART 2

본능의 변형

chapter 1

스스로를 포장하고 과장하는 이유

생존을 위한 이미지 조작

인간의 본능은 더 이상 돌도끼와 맹수의 위협 속에서만 작동하지 않는다. 이제 우리의 생존은 물리적 힘이 아닌, 사회적 자원과 매력에 의해 결정된다. 그리고 이 새로운 생존 환경에서, 인간은 자신의 부족함을 채우기 위해 놀랍도록 정교한 '거짓'을 창조해냈다. 바로 '이미지 조작'이다. 우리는 모두 자신의 결핍을 감추기 위해 스스로를 과장하고 포장하며, 이 과정에서 또 다른 본능의 전쟁을 치르고 있다.

우리는 왜 타인에게 인정받고 싶어 하는가? 왜 성공한 것처럼 보여야 하는가? 그 근원에는 '결핍 불안(Anxiety of Lack)'이라는 원시적인 공포가 자리 잡고 있다. 이 공포는 '나는 충분하지 않다'는 내면의 속삭임에서 비롯된다. 이 불안은 생존에 필요한 자원을 충분히 얻지 못하거나, 짝짓기 시장에서 매력적인 짝을 얻지 못할지도 모른다는 무의식적인 위기감이다.

현대 사회에서 이 불안은 물질적 풍요, 사회적 지위, 심지어 SNS의 '좋아요'와 같은 가시적인 지표로 치환되어 나타난다.

SNS는 이 이미지 조작의 가장 치열한 전장이다.

우리는 완벽하게 연출된 일상의 사진을 올리고, 여행의 순간을 공유하며, 행복한 연인의 모습을 자랑한다. 하지만 그 이면에는 수십 번의 실패한 셀카와, 관계의 갈등, 그리고 타인의 완벽한 삶과 비교하며 느끼는 깊은 자괴감이 숨어 있다. 이 '결핍의 거짓말'은 다른 사람들에게 '나는 안정적이고, 풍요로우며, 번식에 적합한 가치 있는 존재'라는 메시지를 던진다. 이는 한 남성이 명품 시계를 자랑하는 사진을 올린다면 그 행위의 근본에는 '나는 경제적으로 안정된 파트너'라는 신호를 보내고 싶은 욕망이 깔려 있다.

여성의 완벽한 몸매 관리 사진 역시 '나는 건강하고 젊은 유전자를 가진 존재'라는 무의식적 과시인 셈이다. 더 나아가 우리는 타인의 감정까지 조작하려 든다. 자신의 결핍을 채우기 위해 상대방에게 의도적으로 칭찬을 하거나, 과도하게 친절을 베풀어 호감을 산다. 이는 단순한 배려가 아니라, 상대를 내 편으로 만들어 내가 가진 결핍을 메우려는 본능적인 전략이다. 마치 굶주린 늑대가 먹이를 유혹하듯, 인간은 자신이 부족한 것을 얻기 위해 감정의 가면을 쓰고 타인에게 접근한다. 이 모든 행위는 '내게 필요한 것을 얻어낼 힘'을 가졌다는 착각을 상대에게 심어주는 심리적 위장술이다. 이러한 이미지 조작은 때로 개인을 넘어 사회 전체의 왜곡된 현상을 만든다.

젊은이들이 명문대나 대기업에 집착하는 것도 단순히 좋은 직장을 얻기 위함만은 아니다. 그들은 '성공한 삶'이라는 이미지를 통해 사회적 결핍을 해소하고, 더 많은 기회와 짝을 얻을 수 있으리라 믿는다. 이는 모두 자신의 '유전자 상품성'을 높이려는 무의식적 경쟁의 결과다. 하지만 이 거짓말의 굴레에는 치명적인 부작용이 따른다.

우리는 꾸며낸 이미지와 실제 자신 사이의 괴리 속에서 끊임없는 스트레스와 불안에 시달린다. 타인의 결핍을 보고 안도하는 동시에 나의 결핍이 들통날까 두려워한다. 마치 사막의 신기루를 쫓듯 우리는 결코 닿을 수 없는 완벽한 이미지를 쫓으며 지쳐간다.

결핍이 만드는 거짓은 궁극적으로 우리를 더 고독하게 만든다. 진짜 자신을 숨기고 가짜 이미지로 소통하는 사회에서는 진정한 유대감을 형성하기 어렵다. 모두가 가면을 쓴 채 서로를 탐색하는 이 게임은, 우리를 더 이상 '사랑'이라는 이름의 번식 전략이 아닌, '결핍'이라는 공허함으로 이끄는 새로운 본능의 변형일지도 모른다. 이제 우리는 이 사실을 직시하고, 가면을 벗어던질 용기를 내야 할 때다.

남보다 나아 보이려는 심리적 허영

"인간은 다른 인간과 비교하지 않고는 스스로를 판단할 수 없다."

톨스토이의 이 말은 허영의 본질을 정확히 드러낸다. 허영은 단순한 자기애의 과장이 아니다. 그것은 타인보다 우월하다는 환상을 통해 자신의 결핍을 덮고, 불안을 달래려는 본능적 반응이다.

인간은 객관적으로 자신을 측정할 수 없었기에 다른 사람과 비교하는 방식으로만 자기 위치를 확인해 왔다.

원시 시대의 비교는 단순했다. 내가 잡은 사냥감이 옆 부족의 것보다 큰가, 내가 사는 동굴이 더 안전한가 하는 식이었다. 비교는 생존을 위한 필수 도구였다. 그러나 문명이 발전하면서 비교의 양상은 훨씬 복잡해지고 추상적인 모습으로 바뀌었다.

오늘날 우리는 소셜미디어 속에서 타인의 여행 사진, 명품 가방 인증샷, 고급 식당 후기와 마주한다. 그 순간 무의식적으로 내 삶과 저 화려한 장면을 나란히 두고 비교한다.

결핍감은 조용히 스며들고, "나도 저렇게 보여야 한다"는 생각이 스친다. 그렇게 허영이라는 가면이 씌워진다.

허영은 단순한 사치와는 구별된다. 그것은 내가 자격 있는 사람이라는 선언이자 불안을 잠재우는 일종의 약물이다. 값비싼 물건을 사고, 고급 음식을 먹고, 그것을 기록해 남들에게 보여주는 행위는 단순히 소비가 아니라 타인의 시선 속에서 자기 가치를 확인하려는 전략이다.

하버드대 연구에 따르면, 같은 제품이라도 한정판이라는 이름이 붙으면 두 배 이상의 만족감을 느낀다고 한다. 사람은 남들이 가지지 못한 것을 소유했다는 사실에서 강한 쾌감을 느낀다. 허영은 바로 이 감각에서 연료를 얻는다.

현대 사회의 플렉스 문화와 이른바 카푸어 현상은 로마 귀족들의 과시적 연회와 닮아 있다. 로마의 귀족들은 대리석으로 저택을 짓고 진귀한 향료와 음식을 마련해 손님을 초대했다.

오늘날 사람들은 빚을 져서라도 고급차를 몰고, 그 장면을 SNS에 올려 사회적 지위를 과시한다. 무대가 달라졌을 뿐 구조는 같다. 보여주기 위한 소비, 타인을 향한 무언의 도전, 그리고 비교에서 오는 불안을 달래기 위한 자기 위안.

자본주의는 이 심리를 끊임없이 자극한다. 시장은 항상 새로운 비교 기준을 만들어낸다.

최신 스마트폰, 시즌 한정 패션, 프리미엄 예약권 같은 것들이 그것이다. 이러한 장치들은 사람으로 하여금 남보다 먼저, 남보다 나은 상태를 유지하게 만든다. 경제학자 베블런이 말한 과시적 소비라는 개념은 디지털 시대에 들어서도 여전히 유효하며, 오히려 더 강력해졌다.

허영의 아이러니는 그것이 때로는 발전의 원동력이 되기도 한다는 점이다. 남보다 뒤처지지 않으려는 마음은 사람을 더 열심히 일하게 만들고, 자기 계발에 투자하도록 부추긴다. 그러나 그 동기가 성장의 기쁨이 아니라 불안에서 비롯될 경우, 성취는 금세 공허로 변한다.

스탠퍼드대 실험에서는 참가자들이 타인의 성과와 직접 비교하도록 유도되었을 때, 성취 후 만족감이 절반 이하로 떨어지는 결과가 나타났다. 비교 속에서 얻은 성취는 결코 완전한 만족을 줄 수 없기 때문이다. 언제나 더 잘난 누군가가 존재하기 마련이다.

허영은 인간관계에도 스며든다. 친구보다 더 좋은 직장, 연인보다 더 나은 외모, 배우자보다 더 빛나는 성취를 은근히 드러내는 것은 흔한 일이다. 그러나 이런 허영은 관계를 강화하기보다 오히려 약화시킨다. 타인의 시선에서만 자기를 확인하려는 사람은 결국 자기 내면의 자존감을 잃고 만다.

심리학자 알프레드 애들러는 허영을 열등감의 과잉 보상이라고 불렀다. 그 뿌리는 불안과 두려움이다. 우리가 이 불안을 극복하지 못한다면 평생 "나는 충분하지 않다"는 짐을 지고 살아야 한다. 그러나 허영을 인식하는 순간, 그것을 성장의 자극으로 바꿀 수도 있다. 남보다 나아 보이려는 것이 아니라 어제의 나보다 나아지려는 기준으로 방향을 전환한다면 비교는 독이 아니라 비료가 된다.

진정한 자유는 남의 눈에서가 아니라 자기 내면의 기준에서 비롯된다. 허영의 가면을 벗고 비교의 무대에서 내려올 때, 비로소 우리는 타인의 시선에 끌려 다니는 노예가 아니라 자기 삶의 주인이 될 수 있다.

불리한 과거를 덮는 뇌의 자기보호 메커니즘

인간의 기억은 객관적인 사실의 저장고가 아니다. 오히려 그것은 자신에게 유리한 방향으로 끊임없이 편집되고 재구성되는, 일종의 '정신적 자서전'에 가깝다. 특히 불리하거나 수치스러운 과거의 기억은 생존을 위한 본능적인 자기방어 기제에 의해 은폐되거나 왜곡된다. 이것이 바로 '기억의 재구성'이다. 뇌는 불편한 진실을 그대로 직면하기보다는, '나는 그런 사람이 아니다'라고 믿게 만드는 새로운 서사를 만들어낸다.

우리가 흔히 '기억'이라고 부르는 것은 단순히 과거 사건을 저장해두었다가 그대로 꺼내 쓰는 것이 아니다.

현대 심리학과 신경과학 연구는 기억이 본질적으로 재구성적(reconstructive)이라는 사실을 밝혀냈다.

1970년대 심리학자 엘리자베스 로프터스(Elizabeth Loftus)의 유명한 실험들이 이를 뒷받침한다. 그녀는 실험 참가자들에게 교통사고 영상을 보여준 후, "차가 충돌(smashed)했다"고 묻는 그룹과 "차가 부딪혔다(hit)"고 묻는 그룹으로 나누었다. '충돌'이라는 강한 단어를 들은 그룹은 실제보다 더 심한 파편을 봤다고 기억했으며, 나중에는 있지도 않은 깨진 유리 파편을 봤다고 응답하는 비율이 훨씬 높았다. 이처럼 기억은 외부 정보나 암시적 질문에 의해 쉽게 왜곡될 수 있다.

기억이 이렇게 쉽게 변형되는 이유를 신경과학적으로 들여다보면, 우리의 기억은 하드 드라이브에 저장된 파일처럼 고정된 것이 아니기 때문이다. 기억은 특정 신경세포들의 연결, 즉 시냅스(synapse)의 네트워크에 저장된다. 우리가 어떤 기억을 떠올릴 때, 뇌는 그 네트워크를 재활성화하고, 이 과정에서 기억은 다시 '재부호화(re-encoding)'된다.

이 재부호화 과정은 기억을 더 강화시키기도 하지만, 동시에 새로운 정보나 감정, 심지어 착각까지 뒤섞일 수 있는 기회를 제공한다. 특히 해마(hippocampus)는 단기 기억을 장기 기억으로 전환하는 역할을 하는데, 이 과정에서 긍정적이거나 부정적인 감정이 개입되면 기억은 원본과 다르게 편집될 가능성이 커진다. 이러한 기억의 재구성은 개인의 정체성과 자존감을 보호하기 위한 진화적 메커니즘으로 작동한다. 만약 모든 실패와 단점을 있는 그대로 기억한다면, 인간은 극심한 자괴감에 빠져 생존 의지를 잃을 수도 있다.

뇌는 이를 막기 위해 기억을 '긍정적으로' 조작하는 것이다. 과거에 폭력적인 성향을 보였던 사람이 성공한 사업가가 되었을 때, 그는 과거의 폭력성을 '강한 리더십'으로 재해석하고, 그 기억을 미화한다. 이는 일종의 '자기 정당화'이자, 과거의 자신을 현재의 위치에 맞게 다시 쓰는 행위다. 뇌는 이 과정을 통해 '나는 처음부터 성공할 운명이었다'는 믿음을 강화하고, 앞으로의 생존 경쟁에서 이길 수 있다는 자신감을 얻는다.

문제는 이러한 기억의 조작이 타인과의 관계에 치명적인 영향을 줄 수 있다는 점이다. 기억을 미화하는 과정에서 우리는 종종 타인에게 책임을 전가하거나, 상대의 역할을 왜곡한다. 이는 관계의 진실을 가리고, 화해와 성장의 기회를 박탈한다.

심리학자 마크 리어리(Mark Leary)는 "우리가 다른 사람을 비난할 때, 우리는 종종 자기 자신을 보호하고 있다"고 말했다. 기억은 언제나 우리에게 가장 유리한 증거만을 가져온다. 이 사실을 인지하지 못하면, 우리는 자신의 왜곡된 기억 속에서 타인을 탓하고 원망하며 영원히 관계의 굴레에 갇히게 된다.

결국, 기억의 재구성은 생존을 위한 놀라운 메커니즘이지만, 동시에 진실과 성장을 가로막는 위험한 함정이 될 수도 있다. 우리가 진정으로 자기 자신을 이해하고 타인과 깊은 관계를 맺고 싶다면, 뇌가 조작한 '편리한 기억'을 맹목적으로 믿기보다는, 불편하더라도 객관적인 사실을 직시하려는 용기가 필요하다. 이는 결코 쉽지 않은 일이지만, 그 과정을 통해서만 우리는 비로소 진정한 의미의 자아를 발견하고, 타인과의 관계를 더 성숙하게 만들어갈 수 있다.

위선의 진화에서 거짓말이 집단 생존에 기여한 역설

위선은 전통적으로 부정적인 단어다. 사람들은 이를 가면을 쓴 거짓, 신뢰를 갉아먹는 행위로 규정하고, 정직과 진실을 미덕으로 찬양한다. 그러나 인류의 진화사를 들여다보면 이야기는 조금 달라진다. 역설적으로, 위선과 거짓말은 인류가 혹독한 환경 속에서 살아남기 위해 선택한 가장 오래된 사회적 도구 중 하나였다. 솔직함이 언제나 옳은 선택일까. 진화는 때때로 진실보다 관계 유지를 우선시했고, 그 과정에서 전략적인 거짓과 위선이 생존의 무기가 되었다.

수십만 년 전, 인류가 수렵과 채집으로 생계를 유지하던 시절을 떠올려 보자. 인구는 적었지만 공동체의 결속은 생존에 절대적으로 필요했다. 사냥에 실패한 동료에게 "너는 무능하다"고 직설적으로 말하는 것은 단기적으로는 사실을 전달하는 일이었지만, 장기적으로는 불필요한 갈등과 배제를 초래했다. 대신 "오늘은 운이 없었을 뿐, 다음에는 반드시 성공할 거야"라고 말하는 위선적 격려는 집단의 유대감을 지키고 사냥팀의 사기를 유지하는 데 더 효과적이었다.

공동체가 와해되면 먹을 것을 구하기 어렵고, 외부의 위협에 맞설 수 없다는 사실을 본능적으로 알았던 것이다. 진화심리학자들은 이런 행동을 '사회적 거짓말'이라 부르며, 그것이 인류의 뇌에 깊이 각인된 패턴이라고 설명한다.

이러한 사회적 거짓말은 단순히 말의 선택 문제가 아니라, 신경과학적으로도 설명이 가능하다. 뇌의 전전두엽은 장기적인 사회적 이득을 계산하는 영역이고, 편도체는 감정적 위험 신호를 탐지한다. 누군가를 노골적으로 비난하면 편도체가 갈등 상황을 인식해 불안을 높이고, 전전두엽은 이를 회피하기 위해 '갈등 완화용 거짓말'을 선택한다. 이렇게 학습된 위선적 반응은 수천 세대에 걸쳐 강화되며 인간관계의 기초 기술이 되었다.

문명 시대가 열리면서 위선은 한층 정교해졌다.

고대 왕국의 조정에서는 군주의 잘못된 결정에도 신하들이 공개적으로 반대하지 않았다. 대신 은유와 완곡한 표현으로 의견을 돌려 전하며, 겉으로는 군주의 권위를 인정하는 듯 행동했다. 이는 개인의 안전을 지키는 동시에 체제의 안정을 유지하는 정치적 위선이었다.

중국의 사서에는 '충언'과 '아첨'이 뒤섞인 사례들이 자주 등장하는데, 이는 모두 체면을 중시하는 문화에서 갈등을 피하는 방식이었음을 보여준다.

고대 그리스의 외교관들은 진정한 의도를 숨기고 외교적 수사를 구사했으며, 이는 국가 간 협상에서 필수적인 기술로 자리 잡았다.

현대 사회에서도 위선은 여전히 작동한다. 직장에서 상사의 아이디어가 형편없다고 느껴도 "좋은 생각이네요"라고 말하는 경우가 많다. 이는 승진과 인사고과라는 현실적 이해관계와 맞물린다. 결혼식에 초대받아도 내키지 않는 경우, 우리는 여전히 축하 인사를 전하고 웃으며 사진을 찍는다. 심지어 친구가 선물한 옷이 마음에 들지 않아도 "정말 마음에 들어"라고 말한다. 이런 행동은 개인의 정직성을 훼손하는 듯 보이지만, 실상은 사회적 마찰을 줄이고 관계를 유지하는 윤활유 역할을 한다. 다만 위선에는 언제나 그림자가 있다.

다니엘 길버트는 "우리는 타인뿐 아니라 스스로에게도 거짓말을 하고, 그 거짓을 믿는 경향이 있다"고 말했다. 타인에게 위선적으로 행동하는 습관은 자기 인식에도 영향을 미친다. '나는 좋은 사람'이라는 가면을 쓰기 위해 실제 욕망과 감정을 억누르다 보면, 결국 자신에게도 위선적 태도를 취하게 된다. 이렇게 내면과 외면이 불일치하는 상태는 '인지 부조화'를 초래한다. 겉으로 보이는 모습과 실제 자아가 충돌하면서 사람은 끊임없이 자기 합리화를 하게 되고, 그 과정에서 정신적 피로와 스트레스가 쌓인다.

이 인지 부조화는 때로는 조직과 사회에도 확산된다. 한 기업이 윤리경영을 표방하면서도 내부적으로는 부당한 관행을 유지할 때, 구성원들은 회사의 가치를 믿는 척하며 일하지만 내심 회의와 불만을 품게 된다. 정치에서도 마찬가지다. 지도자가 대외적으로는 정의와 투명성을 강조하면서도 뒤로는 권력 유지를 위한 거래를 이어간다면, 그 위선은 결국 신뢰 붕괴로 이어진다. 겉은 멀쩡하지만 속은 텅 빈 공동체가 만들어지는 것이다.

위선은 양날의 검이다. 적정 수준의 위선은 집단을 결속시키고, 갈등을 완화하며, 장기적인 생존 가능성을 높인다. 그러나 그것이 과도해져 진정성을 대체하면, 신뢰가 무너지고 관계의 기반이 부식된다. 역사적으로도 이런 사례는 많다.

제2차 세계대전 직전, 영국과 독일 간의 외교는 겉으로는 평화 협상을 가장했지만, 실제로는 전쟁 준비와 기만이 오갔다. 이런 위선은 단기적으로 시간을 벌었지만, 결국 더 큰 충돌을 피하지 못했다. 반대로, 일부 상황에서는 위선이 장기적인 화해의 발판이 되기도 한다.

남아프리카공화국의 진실화해위원회에서는 과거의 잔혹 행위를 덮는 듯한 언행이 피해자와 가해자의 대화를 이어가는 최소한의 틀이 되었다.

흥미로운 점은 위선이 문화권에 따라 다르게 해석된다는 것이다. 서구 문화에서는 솔직함이 미덕으로 강조되지만, 동아시아 문화권에서는 체면을 지키는 완곡한 표현이 오히려 예의로 여겨진다. 이 차이는 집단주의와 개인주의의 역사적 뿌리에서 비롯된다. 집단주의 사회에서는 개인 간의 직접적인 갈등보다 집단의 조화를 우선시하기 때문에, 위선적 언행이 사회적 생존 전략으로 장려된다. 이는 단순한 거짓말이 아니라, 집단의 균형을 지키기 위한 '전략적 소통'으로 이해된다.

이 모든 것을 종합하면, 위선은 인간 본성에 깊이 각인된 생존 전략이다. 거짓말과 위선은 단순히 도덕적 결함이 아니라, 불확실하고 위험한 환경에서 집단과 개인을 보호하기 위한 심리적·사회적 장치였다. 그러나 오늘날처럼 소셜미디어를 통해 모든 말과 행동이 기록되고 확산되는 시대에는, 위선이 드러나는 속도가 과거보다 훨씬 빠르다. 한 번의 부정직한 행동이 순식간에 신뢰를 무너뜨리고, 관계를 끊어버릴 수 있다. 그만큼 우리는 언제 위선을 쓰고, 언제 진실을 말해야 하는지에 대해 훨씬 더 섬세한 판단을 요구받는다.

결국, 위선은 집단이라는 건물을 세우는 시멘트이지만, 너무 많이 쓰이면 건물은 부패해 무너진다. 현대인은 진실과 위선 사이에서 균형을 잡아야 한다. 갈등을 피하기 위해 선택한 위선이 오히려 더 큰 분열을 낳지 않도록, 상황과 맥락을 고려한 선택이 필요하다. 진정한 성숙은 무조건 솔직하거나, 무조건 위선을 쓰는 데 있지 않다. 공동체를 지키면서도 자신을 잃지 않는 길, 그것이 바로 인간이 수십만 년에 걸쳐 풀지 못한 본능의 숙제이자, 앞으로도 계속 마주하게 될 과제다.

chapter 2

은폐된 탐욕

겉으론 겸손, 속으론 독점

우리는 어려서부터 겸손을 최고의 미덕으로 배우며 자랐다. 부모는 아이에게 "잘했어도 자랑하지 마라"라고 가르쳤고, 학교에서는 "성공했을 땐 조용히, 실패했을 땐 성실히"라는 금언이 강조됐다. 칭찬을 받으면 "아니에요, 별거 아니에요"라고 대답하는 것이 예의처럼 여겨졌고, 자기 성취를 드러내면 "거만하다"는 꼬리표가 붙었다. 겉으로는 이 문화가 서로를 배려하고 관계를 원만하게 하는 것처럼 보인다. 그러나 그 이면에는 차마 인정하지 못하는 또 다른 얼굴이 숨어 있다. 바로 '독점적 탐욕'이다.

겸손은 단순한 미덕이 아니다. 그것은 본능적으로 타인의 경계심을 허물고, 궁극적으로 더 많은 자원과 기회를 독점하려는 전략이기도 하다.
프랑스의 사상가 라 로슈푸코는 이렇게 말했다.

"겸손은 종종 자부심을 위한 가장 교묘한 위장술이다."

겸손은 스스로를 낮추는 척하면서, 동시에 타인의 마음을 점령하는 은밀한 전술이다.

한 번 이런 장면을 떠올려보자. 직장에서 큰 프로젝트를 성공시킨 후 동료가 "정말 대단하다"고 칭찬했을 때, 당신은 본능적으로 "아니에요, 운이 좋았을 뿐이에요"라고 말한다. 이 말은 겉으로는 자신을 낮추는 듯 보이지만, 실은 상대방의 경계심을 무너뜨리고 관계를 부드럽게 유지하는 장치다. 상대방은 당신이 자랑하지 않는다는 이유로 당신을 경쟁자가 아닌 '편안한 동료'로 느끼게 된다. 바로 이 순간, 당신은 보이지 않는 방식으로 관계 속의 우위를 점한다.

이 '전략적 겸손'은 권력과 성공을 가진 사람들에게서 두드러지게 나타난다.

한 글로벌 IT 기업의 창업자는 수십억 달러를 벌어들였지만, 인터뷰에서 늘 "저는 그저 운이 좋았을 뿐입니다. 훌륭한 팀원들이 있었기에 가능했죠"라고 말했다. 그의 겸손한 언행은 대중의 질투를 무디게 하고, 투자자와 고객의 호감을 끌어올렸다. 겸손은 그의 사업이 확장되는 데 있어 강력한 사회적 완충재였고, 결국 독점적 지위를 유지하는 데 중요한 역할을 했다.

반대로, 겸손을 포기하고 과도하게 자신을 드러내는 사람은 즉시

'경쟁자'로 낙인찍힌다. 심리학적으로 이것은 '지위 위협 반응(Status Threat Response)'이라고 불린다. 누군가가 자신의 성공을 적극적으로 과시하면, 다른 사람들은 무의식적으로 그를 견제하거나 배제하려는 경향을 보인다. 이는 원시 시대 사냥터에서, 사냥감을 독점하려는 경쟁자를 밀어내던 본능과 닮아 있다. 집단은 생존을 위해 지나치게 눈에 띄는 구성원을 경계하고, 필요하면 제거했다.

겸손은 이렇게 집단 내에서 살아남기 위한 '사회적 생존 기술'로 진화했다. 심리학자들은 이를 '신호 관리(Signaling Management)'라 부른다. 우리는 겸손을 통해 자신의 강점을 완전히 숨기지 않으면서도, 그것을 노골적으로 드러내지 않는 균형을 유지한다. 이는 마치 포커 게임에서 패를 완전히 가리지 않으면서도, 상대방이 방심하게 만드는 기술과 같다.

하지만 이런 겸손의 이면에는 불편한 대가가 있다. 우리는 타인의 시선을 지나치게 의식하며 스스로를 낮추는 습관을 들이고, 진정한 자기 평가를 희생한다. 칭찬을 받았을 때 온전히 기뻐하지 못하고, 스스로의 성취를 감추며, 심지어 자존감까지 희석된다. 시간이 지나면 우리는 '내가 원하는 나'가 아니라, '타인이 기대하는 나'를 살아가게 된다. 이 과정에서 위선이 개입한다. 겸손이 진심에서 나온 것이 아니라면, 그것은 관계를 유지하기 위한 연극이 된다.

일본의 비즈니스 문화에서 자주 등장하는 '겸손의 언어'가 대표적이다. 상사가 "이번 보고서 잘했네"라고 칭찬하면, 부하는 "아직 멀었습니다"라고 답한다. 그러나 이 말이 항상 진심은 아니다. 종종 그것은 상사의 기분을 유지하고, 평가를 유리하게 받기 위한 전략적 발언이다.

고대 사회에서도 겸손은 권력 유지의 수단이었다.

로마 정치가들은 연설에서 자신을 '국가의 종'이라 칭하며 시민의 지지를 얻었다. 그러나 그들의 실제 목표는 권력을 장악하고 유지하는 것이었다. 겸손은 대중을 달래는 가면이었고, 그 뒤에는 독점적 권력이 숨겨져 있었다.

현대 자본주의에서도 겸손은 마케팅 전략으로 활용된다. 한 패션 브랜드는 창업자가 "저는 그저 평범한 디자이너일 뿐"이라고 말하며 언론에 나선다. 하지만 그의 겸손한 이미지가 소비자들의 호감을 자극하고, 결과적으로 시장 점유율을 높인다. 겸손은 상품 판매에도 직접적인 경제적 효과를 만들어낸다.

결국 겸손은 가치중립적이지 않다. 그것은 순수한 미덕일 수 있지만, 동시에 계산된 전략이 될 수 있다. 진정한 문제는 겸손이 '나를 더 좋은 사람처럼 보이게 하기 위한 도구'로만 작동할 때다. 그렇게 되면 우리는 스스로를 속이고, 타인과의 관계에서도 진실성을 잃는다. 따라서 우리는 겸손의 진짜 의미를 재 정의할 필요가 있다. 겸손이 나와 타인의 관계를 부드럽게 유지하고, 집단의 갈등을 줄이는 데 도움이 될 수 있다. 그러나 그것이 독점적 탐욕의 가면으로 변질되는 순간, 우리는 서로를 속이고 신뢰를 갉아먹는다. 진정한 성숙은 겸손을 전략으로만 쓰지 않고, 그것이 내면의 자신감과 진실성에서 비롯되게 하는 데 있다.

겉으로 드러내는 겸손이 종종 더 큰 것을 탐하기 위한 가장 정교한 가면이라는 사실을 직시할 때, 우리는 타인의 겸손에 속지 않고, 자신의 겸손 뒤에 숨은 욕망을 마주할 수 있다. 그리고 그 순간, 우리는 은폐된 탐욕의 굴레를 벗어나 진정한 성숙함과 자유로 나아갈 수 있다.

나눔과 이타심에 숨어 있는 자기 이익

혹시 우리가 믿어왔던 순수한 '나눔'과 '이타심'이 사실은 인간 본능이 설계한 가장 정교한 위장술이라면 어떨까? 우리는 기부를 하거나, 동료를 돕거나, 봉사활동에 참여할 때 마음속에서 뜨겁고 보람찬 감정을 느낀다. 하지만 그 감정은 정말 '순수한 희생'에서 온 걸까, 아니면 이기적인 유전자가 심어둔 '심리적 보상 프로그램'이 작동한 결과일까?

"인간은 돕는 척하며 살아남는다."

인물 사례 첫 번째로 2010년 아이티 대지진 직후, 전 세계 부호들이 앞다퉈 거액을 기부했다.

미국의 한 억만장자 A씨는 5천만 달러를 쾌척하며 언론의 집중 조명을 받았다. 사람들은 '아름다운 선행'이라고 칭찬했지만, 불과 6개월 후 A씨는 대형 건설 프로젝트 입찰에서 엄청난 특혜를 얻었다. 기부 덕분에 그는 정치권과 대중의 신뢰를 한꺼번에 확보했고, 그것이 수익으로 돌아왔다. 그의 기부가 진심이었는지는 아무도 단정할 수 없다. 그러나 '이타적 행동이 사회적 이익으로 직결된다는 사실'은 명백했다.

진화심리학자 로버트 트리버스(Robert Trivers)는 이를 '호혜적 이타주의(Reciprocal Altruism)'라 불렀다. 즉, "내가 너를 도우면, 언젠가 너도 나를 도울 것이다"라는 무언의 계약이 수만 년 전부터 인간 DNA에 각인돼 있다는 것이다. 고대 수렵채집 사회에서 자원은 언제나 부족했다. 그 속에서 도움을 주고받는 네트워크는 생존의 필수 조건이었고, 배신자는 집단에서 쫓겨나 생명을 잃었다. 우리는 그 생존 전략을 고스란히 유전자에 새긴 채, 현대 사회에서도 여전히 발휘하고 있는 셈이다.

인물 사례 두 번째는 서울의 한 대기업 부장 B씨는 사내 자원봉사팀을 만들어 주말마다 고아원을 찾았다. 동료들은 그의 헌신에 감탄했지만, 몇 년 뒤 B씨가 임원으로 승진하는 과정에서 중요한 평가 항목이 '사회공헌 활동'이었다는 사실이 알려졌다. 그가 아이들을 위했던 마음이 진심이었을지라도, 그 과정에서 얻은 '인사고과 점수'와 '좋은 이미지'는 결코 무시할 수 없었다.

뇌는 이타심을 '쾌락'으로 보상한다.

신경과학은 이 불편한 진실을 뒷받침한다. 누군가를 도울 때 뇌에서는 옥시토신과 도파민 같은 행복 호르몬이 분비된다. 이른바 '헬퍼스 하이(Helper's High)'현상이다. 놀랍게도 이 쾌감은 이기적인 소비에서 느끼는 즐거움보다 더 강하다. 마약이 뇌의 보상회로를 자극하듯, 선행은 뇌에 "이 행동을 반복하라"는 명령을 내린다. 그래서 어떤 사람들은 '나눔'에 중독된다. 하지만 이 중독은 자신을 위한 중독이다.

> "우리가 남을 도울 때 느끼는 따뜻함은, 뇌가 주는 보상금이다."

많은 사람이 '나는 대가를 바라지 않는다'고 말한다. 그러나 심리학 연구에 따르면, 무의식 속에서는 '내가 좋은 사람이라는 이미지'라는 보상을 받는다. 그 이미지는 타인과의 관계에서 신뢰를 높이고, 더 많은 협력을 얻어낸다. 즉, 대가를 물질로 받느냐, 명성으로 받느냐의 차이일 뿐, 인간은 거의 언제나 보상을 받는다.

"무의식 속 이타심마저도, 결국 거래다."

비유에서 포장된 초콜릿은 겉보기엔 달콤한 초콜릿이지만, 안에는 우리가 미처 보지 못한 알맹이가 들어 있다. 나눔과 이타심은 마치 그 초콜릿과 같다. 포장지는 선의, 맛은 기쁨, 그러나 속에는 자기 이익이라는 견과가 숨어 있다. 이 비유는 인간 행동의 양면성을 이해하는 데 강력하다.

현대 사회에서 기부와 봉사는 '사회적 자본'을 축적하는 가장 세련된 방식이 됐다. SNS에 기부 영수증을 올리면 '좋아요'와 팔로워 수가 늘어나고, 이는 곧 영향력의 확장으로 이어진다. 정치인은 봉사활동 사진을 찍어 선거 포스터에 쓰고, 기업은 CSR 활동을 통해 브랜드 이미지를 세탁한다. 이 모든 과정에서 '나눔'은 미덕이자 전략이다.

"이타심은 미덕의 옷을 입은 전략이다."

그렇다면 진정한 이타심은 가능한가?

철학자 칸트는 "도덕적 가치는 보상 없는 선의에서 나온다"고 했다. 하지만 현대 심리학은, 인간이 완전히 '보상 없는 행동'을 하기는 거의 불가능하다고 말한다. 이 사실을 인정하는 순간, 우리는 역설적으로 더 순수한 이타심을 향해 갈 수 있다. '보상을 기대하지 않는' 상태를 의식적으로 선택할 때, 나눔은 비로소 자기 이익의 족쇄에서 벗어난다.

"진정한 나눔은, 보상을 기대하지 않는 순간에만 태어난다."

우리는 나눔과 이타심을 무조건 찬양하는 대신, 그 안에 숨겨진 자기 이익의 구조를 인식해야 한다. 그것이 위선이든, 본능이든, 혹은 전략이든, 이 양면성을 이해할 때 우리는 더 현명하게 관계를 맺고, 더 깊이 있는 나눔을 선택할 수 있다. 이제 질문은 단 하나다. 당신은 오늘, 진짜로 남을 위해 무언가를 할 수 있는가? 아니면, 돕는 척하며 얻으려 하는가?

성스러운 탈을 쓴 욕망

혹시 우리가 가장 성스럽다고 믿어온 종교, 도덕, 봉사가 인간 본능의 가장 정교한 위장술이라면 어떨까. 인간은 타인을 돕거나 나눔을 실천할 때 스스로를 고귀하다고 느낀다. 종교적 헌신은 하늘의 뜻에 복종하는 것처럼 보이고, 도덕적 결단은 순수한 양심의 소리로 여겨지며, 봉사활동은 이타심의 상징처럼 칭송된다. 그러나 신경과학과 진화심리학, 사회학의 연구는 이 장면 뒤에서 작동하는 또 다른 기제를 보여준다. 그것은 바로 '숨은 이득'이다. 선행과 헌신은 종종 자기 자신을 위해, 혹은 자기 집단을 위해 설계된 행동이며, 그 속에는 강력한 보상 회로가 숨겨져 있다.

뇌과학자들의 연구에 따르면, 우리가 남을 돕는 순간 뇌 속 보상 회로가 활성화된다. 도파민과 옥시토신 같은 신경전달물질이 분비되면서 기쁨과 유대감을 동시에 제공한다. 이른바 '헬퍼스 하이(Helper's High)'라 불리는 이 현상은 단순한 감정이 아니라 진화의 산물이다.

인류가 소규모 집단으로 살아가던 시절, 서로를 돕는 행동은 생존 확률을 높였다. 그리고 그 행동이 즐거움을 주었다면 더 자주 반복됐을 것이며, 결국 그 습관은 유전적 경향으로 자리 잡았을 것이다. 겉으로 보기엔 순수한 이타심이지만, 그 뿌리는 자기 생존과 번영을 향한 본능적 전략인 셈이다.

사회학은 여기에 또 다른 층위를 덧붙인다. 도덕과 종교는 개인의 양심에서 비롯된 것처럼 보이지만, 실상은 공동체를 안정시키기 위한 '보이지 않는 계약'에 가깝다. '도둑질하지 말라'는 규범은 타인의 재산을 존중하는 윤리인 동시에, 나 자신의 재산을 지킬 수 있는 사회적 합의다. '약자를 도우라'는 명령은 단지 선한 행동을 강요하는 것이 아니라, 언젠가 내가 약자가 되었을 때 도움을 받을 수 있는 가능성을 높이는 보험과 같다. 즉, 우리는 남을 위해 행동하는 동시에 자신을 위한 토대를 쌓고 있다.

심리학에서는 이를 '자기 이미지 관리'라고 부른다. 우리는 타인의 눈에 어떻게 비칠지를 의식적으로, 혹은 무의식적으로 조정한다. 종교적 봉사나 도덕적 결단, 나눔의 행동은 '나는 믿을 만한 사람이고, 신뢰할 수 있으며, 공동체에 기여한다'는 강력한 신호를 보낸다. 이 신호는 장기적으로 개인의 명예와 평판을 높이고, 그것이 인맥, 기회, 영향력으로 전환된다. 성스러운 행동은 종종 '손해 보는 선택'이 아니라, 장기적으로는 가장 효율적인 자기 투자이기도 하다.

물론 모든 선행이 계산적인 것은 아니다. 중요한 것은 우리가 그 경계를 얼마나 인식하느냐다. "나는 순수하게 돕는다"고 믿는 순간에도 뇌와 본능은 무언가를 얻을 방법을 계산하고 있다. 이를 인정하지 않으면, 성스러운 행동은 위선으로 흐를 수 있다. 실제로 실험 연구에서, 타인의 시선이 전혀 없는 상황에서 기부나 봉사 활동을 하는 비율은 시선이 존재할 때보다 크게 낮았다. 우리의 이타심이 얼마나 '보여지는 것'과 연결되어 있는지를 보여주는 대목이다.

종교, 도덕, 봉사 속에는 다양한 심리적 이득이 숨어 있다. 사회적 소속감, '나는 좋은 사람'이라는 자기 확신, 명예 자본, 돕는 과정에서 느끼는 쾌감, 그리고 언젠가 도움을 받을 가능성의 축적. 이런 요소들이 결합하면 성스러운 행동은 손해를 보는 선택이 아니라 장기적으로 유익한 전략이 된다. 문제는, 이런 전략이 투명하지 않을 때다. 겉으로는 헌신과 희생을 말하지만, 실제로는 지배와 통제, 혹은 자기 과시의 수단으로 변질될 수 있다.

그렇다면 우리는 어떻게 해야 할까. 욕망을 없애는 것은 불가능하다. 대신 그것을 인정하고, 그 힘을 공동체와 자신 모두에 유익한 방향으로 설계하는 것이 필요하다. 나의 이익과 타인의 이익이 동시에 확장되는 구조를 만들 때, 성스러운 탈은 위선이 아니라 지속 가능한 미덕으로 작동한다. 욕망을 부정하는 순간 위선이 태어나고, 욕망을 인정하는 순간 전략이 태어난다.

결국 종교와 도덕, 봉사는 인간의 본능과 이익이 정교하게 맞물린 장치다. 그것은 인간을 비난하기 위한 증거가 아니라, 오히려 우리가 어떻게 더 성숙한 선택을 할 수 있는지 보여주는 단서다. 성스러운 탈 속의 욕망을 직시할 때, 우리는 더 이상 그것에 속지 않고, 오히려 그 힘을 의식적으로 활용할 수 있다. 그 순간, 성스러운 행동은 타인을 위한 것이자 나를 위한 것이며, 동시에 모두가 이익을 얻는 게임이 된다. 인간의 위대함과 허약함은 그 지점에서 공존한다.

베푸는 행동이 주는 쾌락과 우월감

혹시 선행이 숭고한 미덕이 아니라, 은밀한 중독일 수도 있다는 생각을 해본 적이 있는가. 우리는 누군가를 돕고 나서 마음이 뿌듯해지고, 마치 자신이 더 나은 인간이 된 것 같은 만족감을 느낀다. 그런데 이 뿌듯함이 단지 '좋은 일'을 해서가 아니라, 뇌가 보상으로 쾌락 물질을 분비했기 때문이라면 어떨까. 그리고 그 쾌락이 반복될수록, 마치 도박이나 술처럼 끊기 어려운 '선행 중독'이 형성된다면 말이다.

신경과학은 우리가 선행을 할 때 뇌의 복측피개영역(VTA)과 측좌핵이 활성화된다고 설명한다. 이곳은 코카인이나 초콜릿, 성적 쾌락이 주는 자극과 동일한 보상 회로다. 기부를 하거나 봉사 활동을 마친 직후, 도파민과 세로토닌이 분비되면서 기분이 고양된다. 이른바 '헬퍼스 하이(Helper's High)'다.

문제는 이 기분이 일시적이라는 점이다. 시간이 지나면 쾌감은 줄어들고, 우리는 그 상태를 다시 느끼기 위해 또 다른 선행을 찾는다. 반복될수록 기준이 높아져 더 큰 행동을 해야만 같은 만족을 얻을 수 있게 된다. 이것이 바로 '선행의 쳇바퀴'다.

여기에 더해, 선행은 단순한 쾌감뿐 아니라 우월감을 제공한다. 누군가를 돕는다는 것은 '나는 도움을 줄 수 있는 위치에 있다'는 사실을 확인하는 순간이기도 하다. 이것은 미묘한 권력감이다. 도움을 받는 사람은 그 순간 약자의 위치에 놓이고, 돕는 사람은 우위에 선다. 물론 우리는 이를 '배려'나 '연민'이라는 언어로 포장한다. 하지만 심리학 실험에 따르면, 기부나 봉사를 한 뒤 사람들의 자존감과 자기 효능감이 일시적으로 상승하며, 자신이 '도덕적으로 더 나은 사람'이라는 인식이 강화된다. 이 감각은 강력한 보상으로 작용해 선행을 계속하도록 만든다.

역사 속에서, 그리고 오늘날 사회에서도 이 선행 중독의 양상은 곳곳에서 발견된다.

중세 유럽 귀족들은 가난한 사람들에게 거액을 기부하고 성당을 지어 올렸다. 표면적으로는 신앙심과 자비의 표현이었지만, 실상은 명예와 기억 속의 불멸을 얻는 투자였다. 현대 기업이 거액의 사회공헌 기금을 내놓는 것도 비슷하다.

브랜드 이미지를 높이고, 소비자의 신뢰를 얻으며, 때로는 세금 혜택까지 챙긴다. 선행이 주는 쾌감과 우월감이 이익과 맞물릴 때, 그것은 중독성 있는 전략이 된다.

문제는, 선행이 중독으로 흐를 때 본질이 변질된다는 점이다. 처음에는 순수한 마음에서 시작했더라도, 반복되면서 '내가 얼마나 좋은 사람인지'를 확인하고 싶은 욕구가 더 커진다. SNS에 봉사 활동사진을 올리고, 기부 내역을 공유하며, 타인의 칭찬과 인정을 기다리는 모습이 그 증거다. 칭찬과 인정을 받지 못하면 공허함을 느끼고, 다시금 그것을 채우기 위해 새로운 선행을 찾는다. 이 과정에서 선행은 자기만족을 위한 연료로 전락한다.

또한 선행 중독은 관계에도 미묘한 영향을 미친다. 도움을 받는 사람은 점차 의존적이 되거나, 보이지 않는 빚의 압박을 느낀다. 반대로 돕는 사람은 자신이 '주도권'을 쥐고 있다는 무의식적 확신을 키우며, 이를 통해 자신의 정체성을 유지한다. 이런 구조가 오래 지속되면, 선행은 더 이상 순수한 나눔이 아니라 미묘한 지배 관계가 된다.

그렇다고 해서 선행이 나쁘다는 결론은 아니다. 오히려 선행 중독의 메커니즘을 이해하면, 우리는 그것을 더 건강하게 활용할 수 있다.

첫째, 보상의 즉각 성을 낮추는 것이 중요하다. 봉사나 기부 후 즉각적인 칭찬이나 노출을 자제하고, 장기적인 변화와 성과를 바라보는 습관을 들여야 한다.

둘째, 동기의 투명성을 점검해야 한다. '내가 이 행동을 하는 이유가 무엇인지' 스스로에게 묻고, 그 답이 타인의 이익과 연결되는지 확인하는 것이다.

셋째, 균형감을 유지해야 한다. 선행이 나의 삶의 모든 영역을 지배하게 두면, 결국 나는 쾌락의 노예가 된다.

인간은 본능적으로 쾌락을 추구한다. 그 쾌락의 형태가 술이든, 권력이든, 혹은 선행이든, 본질은 같다. 선행 중독은 그 중에서도 가장 아름답게 포장된 형태일 뿐이다. 하지만 우리가 그 본질을 인식하고, 의식적으로 조절할 수 있다면, 선행은 중독이 아니라 지속 가능한 미덕으로 남을 수 있다. 진정한 의미의 나눔은, 쾌락을 얻기 위해서가 아니라, 그 쾌락을 넘어서는 순간에 피어난다.

chapter 3

비겁함의 기술

위험은 피하고, 성과는 차지하는 행동

회의가 끝났다. 한 시간 넘게 이어진 토론 동안 단 한 번도 입을 열지 않았던 사람이 보고서 표지에 이름을 올렸다. 그는 가볍게 웃었고, 땀에 젖은 동료들은 의자에 몸을 기댄 채 힘없이 한숨을 내쉬었다. 노트북 화면에는 수정된 문서와 빨간 표시가 가득했고, 책상 위 종이컵에는 식어버린 커피가 반쯤 남아 있었다. 한밤중까지 모니터 불빛만 켜져 있던 사무실을 지키던 사람들의 피로가 공기 속에 묻어 있었지만, 그 웃음은 그 모든 것을 무력하게 만들었다. 이런 장면은 회사에서 낯설지 않다. 누군가는 전장을 뛰듯 일하고, 누군가는 그림자처럼 숨어 있다가 마지막 순간 이름만 얹는다.

비겁함이라는 단어는 대개 부정적인 낙인을 동반한다. 배신자, 기회주의자, 무임승차자 같은 말들이 뒤따른다. 그러나 진화의 관점에서 보면 위험을 피하고 결과만 취하는 행위는 수만 년 동안 살아남은 전략이었다.

사자의 발톱을 피한 사슴이 오래 살아남듯, 전쟁에 나가지 않고 전리품을 나눈 사람도 인류 역사에 무수히 존재했다. 문제는 이 전략이 생존을 넘어서 권력과 부를 독점하는 방식으로 변할 때다.

고대 수렵 채집 사회를 상상해보자. 새벽이 밝기도 전, 부족의 사냥꾼들이 창을 들고 들소를 향해 달린다. 먼지가 일고 숨이 거칠어지며, 창이 부러지고 발목이 꺾인다. 피가 모래 위에 스며든다. 때로는 돌아오지 못하는 이도 있다. 그런데 사냥이 끝난 뒤, 위험에 뛰어들지 않았던 이들이 나타난다. 그들은 식량을 옮기겠다거나 고기를 보관하겠다는 명목으로 넉넉한 몫을 챙긴다. 싸우지 않았지만 결과의 일부를 차지하는 사람들, 위험은 피하고 성과는 취하는 자들이다. 역사는 전쟁터에서 싸운 이들의 피를 기록했고, 잔칫상에서 웃던 이들의 이름도 남겼다.

오늘날에도 이 전략은 형태만 바뀌었을 뿐 여전히 살아 있다. 직장에서 팀 프로젝트의 가장 무거운 짐을 소수가 짊어진다. 누군가는 자료를 모으고, 보고서를 밤새 쓰고, 발표를 준비한다. 나머지는 회의 자리에서 고개를 끄덕이며 결론을 따라간다. 마지막에 그들의 이름은 당연하다는 듯 결과물에 올라간다.

정치판에서는 더 노골적이다. 개혁을 추진한 사람은 반대와 비판을 온몸으로 맞지만, 그 성과는 후발 주자가 업적으로 포장해 가져간다. 국제 관계에서도 비슷하다. 어떤 국가는 막대한 재정 부담과 위험을 감수하며 평화를 지키지만, 다른 국가는 그 평화를 공짜로 누린다.

스포츠에서도 이런 장면은 흔하다. 시즌 초반부터 부상 위험을 무릅쓰고 뛰며 팀을 끌어올린 선수가 있다. 그러나 결승에 가까워지자 부상에서 회복한 스타플레이어가 돌아와 주목과 영광을 모두 가져간다. 연예계에서도, 한 작품이 성공할 수 있도록 고생한 신인 배우들이 있었지만, 막판에 합류한 유명 배우가 모든 스포트라이트를 독차지하는 경우가 있다. 사람들은 늘 마지막 장면만 기억한다.

덜 알려졌지만, 최근 테크 업계에서도 비슷한 패턴이 있었다. 인공지능 초기 연구를 주도했던 중소 연구팀들은 자금 부족과 계산 자원 한계로 프로젝트를 접었다. 그러나 기술이 대중화되고 수익성이 보이자 글로벌 대기업들이 등장해 시장을 독식했다. 그들은 시작 단계의 위험을 감수하지 않았지만, 결과와 영광은 대부분 가져갔다. 창업자들이 인터뷰에서 남긴 말이 있다.

"우리가 쌓은 사다리를 부러뜨린 사람이 그 꼭대기에 서 있다."

심리학자 로버트 트리버스는 이런 행동을 기회주의적 협력이라 불렀다. 위험이 높을 때는 뒤로 숨고, 안전해진 순간에 나타나는 전략이다. 단기적으로는 놀랄 만큼 효율적이다. 생존 확률이 높고 손실은 적다. 그러나 시간이 지나면 이런 방식은 조직과 공동체의 신뢰를 무너뜨린다. 그 무너짐이 눈에 띄게 드러나기까지 오랜 시간이 걸린다는 점이 더 문제다.

더 흥미로운 사실은 이런 비겁함이 종종 합리성이라는 이름으로 포장된다는 점이다. 괜히 나섰다가 다칠 필요가 없다는 말, 나보다 잘하는 사람이 하게 두자는 말, 타이밍이 중요하다는 말은 모두 위험 회피를 전략적 판단으로 바꾸어 놓는다. 이럴 때 비겁함과 전략의 거리는 종이 한 장보다 얇다. 역사 속에서도 이러한 전략은 뚜렷하게 드러난다.

제2차 세계대전 이후 미국은 막대한 자금과 물자를 쏟아 부어 마셜 플랜을 실행했다. 당시 유럽에 투입된 지원금은 130억 달러, 현재 가치로 1,400억 달러가 넘는다. 직접 전쟁을 치르지 않은 몇몇 국가는 이 지원으로 경제를 빠르게 회복했다. 전쟁의 참화를 겪지 않았지만, 승전국과 같은 이익을 누렸다.

기업 세계에서도 이 패턴은 자주 등장한다. 신기술 개발에 막대한 비용과 실패 위험을 감수한 개척자가 있다. 그러나 시장이 안정되고 수익이 보장되면 대기업이 뒤늦게 뛰어들어 자본과 유통망을 무기로 시장을 장악한다. 위험과 실패의 부담은 개척자가 지고, 성과는 거대 자본이 가져간다. 위험의 대가를 지불한 자와 성과를 가져간 자는 언제나 다르다.

미네소타대의 실험은 이를 뒷받침한다. 연구진은 참가자들을 네 명씩 조를 나누어 가상의 프로젝트를 부여했다. 기여할수록 전체 보상이 커지지만, 기여하지 않아도 다른 사람의 기여로 일정 보상을 받는 구조였다. 첫 라운드에서 절반 이상이 적극적으로 참여했으나, 위험과 비용이 높은 과제가 주어지자 60% 이상이 참여를 중단했다. 이후 위험이 제거되자 이들 중 대부분이 다시 기여를 시작했다.

뇌는 본능적으로 이익과 손실을 저울질하지만, 타인의 부담과 감정은 그 계산식에 포함되지 않는다.

이쯤에서 묻고 싶다. 우리는 진짜 용기가 필요한 순간에도 나서고 있는가, 아니면 모든 위험이 사라진 뒤에야 움직이는가. 내가 그 자리에서지 않았을 때, 다른 누군가가 대신 위험을 감수한다는 사실을 잊고 있는 건 아닌가. 그래서 비겁함은 오랫동안 숨겨질 수 있다. 때로는 사회적으로 존경받는 자리까지 오르기도 한다.

역사 속 수많은 지도자 중에는 위험이 최고조일 때 모습을 감추고, 모든 위험이 사라진 뒤 등장한 사람들이 있었다. 대중은 그들이 등장한 시점만 보고 환호했다.

비겁함의 기술은 단순한 회피가 아니다. 위험이 사라지는 순간을 기다리는 인내와 그 순간을 자기에게 유리하게 끌어오는 능력이 결합될 때 가장 강력해진다. 이 둘이 합쳐지면 위험 회피자는 진짜 영웅보다 더 큰 보상을 받는다. 그러나 모두가 이 전략을 사용한다면 어떻게 될까. 사냥은 실패하고, 프로젝트는 끝나지 않으며, 국가는 무너진다. 집단은 결국 위험을 감수하는 소수의 어깨 위에서 유지된다.

어디까지가 현명한 회피이고, 어디서부터가 비겁한 착취인지를 구분하는 일은 중요하다. 그 경계는 단순히 결과가 아니라 위험을 분담하려는 의지에서 판가름 난다. 진짜 리더는 위험을 감수한 뒤 성과를 취한다. 가짜 리더는 위험이 사라진 후 나타나 성과를 독식한다.

역사는 이 두 부류를 모두 기록해왔다. 아이러니하게도 후자의 이름이 더 오래 기억되는 경우가 많았다.

나는 위험 앞에서 어떤 선택을 할 것인가. 안전한 순간만 기다릴 것인가, 아니면 위험이 클 때도 나설 것인가. 우리가 박수치는 시간은 언제나 안전해진 다음이라는 사실을 잊지 말자. 그리고 언젠가 나의 이름이 기록될 때, 그것이 위험을 감수한 사람의 이름이길 바라는 마음으로 살아야 한다.

타인의 욕망을 이용하는 법

인간을 움직이는 가장 확실한 방법은 설득이 아니다. 설득은 머리를 겨냥하지만, 욕망은 심장을 겨냥한다. 사람은 자신의 욕망이 시야에 들어오는 순간 발걸음을 옮기고, 그것이 손에 닿을 듯 다가오면 이성을 내려놓는다. 바로 그 찰나, 가장 정교한 함정이 작동한다. 욕망의 문이 열리는 순간, 경계심은 가장 먼저 무너진다.

고대 그리스의 트로이 목마는 단순한 전쟁 장치가 아니라 욕망을 미끼로 한 심리전의 결정판이었다. 트로이인들은 거대한 목마를 승리의 전리품이라고 믿고 성 안으로 끌어들였다. 전리품을 차지하고 싶은 열망과 전쟁이 끝났다는 안도감이 경계심을 삼켜버렸다. 목마 안에 적군이 숨어 있다는 가능성은 잊었다. 이 원리는 오늘날 정치, 비즈니스, 심지어 일상적인 인간관계에서도 변함없이 작동한다.

중국 고사에도 비슷한 사례가 있다. 전국시대, 위나라 장수 방연은 적에게 고의로 포로 몇 명과 값진 물품을 흘려보냈다. 적군은 이를 전리품이라 믿고 성문을 열었고, 그 틈을 타 위나라 군이 들이닥쳤다. 욕망이 경계심을 무너뜨리는 순간은 동서고금이 다르지 않다.

심리학자 로버트 치알디니는 이를 유인가의 힘이라 불렀다. 원하는 대상이 눈앞에 나타나면 합리적 판단보다 감정이 먼저 반응한다. 그 욕망이 클수록, 그리고 '지금 아니면 못 얻는다'는 희소성이 덧입혀질수록 판단력은 급격히 약화된다.

1975년 워첼(Worchel)의 '쿠키 실험'은 이를 입증한다. 같은 쿠키라도 개수가 적다고 느끼면 더 높은 가치를 부여하고, 더 맛있다고 평가하는 경향이 나타났다. 인간의 뇌는 '희소성=가치'라는 신호를 본능적으로 받아들인다.

현대 비즈니스 세계는 욕망을 미끼로 건네는 함정의 거대한 실험실이다. 고가의 명품 브랜드는 가죽 가방이나 시계라는 물건 그 자체보다 사회적 지위를 판다. 광고 속 인물은 더 세련되고, 더 존경받으며, 더 매력적인 삶을 산다. 실상은 디자인과 재료의 차이가 가격 차이를 정당화하지 못하는 경우도 많지만, 그 물건을 소유한 순간 '나는 특별하다'는 착각이 소비자의 지갑을 연다. 이 착각은 일시적인 것이 아니라, 반복 구매로 이어지는 강한 중독성을 가진다.

정치 영역에서도 욕망의 미끼는 교묘하게 작동한다. 대중이 간절히 원하는 부의 재분배, 치안 안정, 국가적 자존심은 선거철마다 후보자의 입에서 끊임없이 언급된다. 그 약속이 실현 가능하든 아니든 중요하지 않다. 중요한 것은 유권자가 그 약속에 자신의 욕망을 투사하는 순간이다. 일단 욕망이 걸려들면, 사람들은 그 정치인이 과거에 어떤 실패나 거짓을 했는지조차 잊어버리기 쉽다. 욕망은 기억을 선택적으로 흐리게 만든다.

디지털 시대의 마케팅은 이 원리를 더욱 정밀하게 활용한다. 전자상거래 플랫폼의 '오늘만 할인', 게임의 한정판 아이템, 유튜브와 틱톡의 알고리즘 보상은 모두 욕망의 회로를 자극한다. 특히 모바일 게임의 '루트박스'나 '거의 당첨될 뻔한' 연출은 카지노 심리와 똑같이 작동한다. 도파민 분비는 보상 그 자체보다 보상을 예측할 때 더 강하게 발생하는 데, 이때 사람은 합리적 판단을 상실한다.

영국 도박위원회의 2019년 보고서에 따르면, '거의 당첨' 경험을 반복한 사람의 지출액은 그렇지 않은 사람보다 평균 42% 높았다.

개인 관계에서도 이 기술은 은밀히 작동한다. 누군가가 당신이 원하던 것을 정확한 순간에 제공할 때, 그것이 사업 기회든, 인정의 한마디든, 혹은 친밀한 관계의 신호든, 우리는 경계심을 내려놓는다. 그리고 그 순간, 상대방은 협상과 관계의 주도권을 쥔다. 이 과정에서 중요한 것은, 욕망이 표면적으로 드러나는 형태와 실제 본질이 다를 수 있다는 점이다. 돈을 원한다고 말하는 사람이 사실은 안정감을 찾고 있을 수도 있고, 사랑을 원한다고 말하는 사람이 인정과 존중을 원할 수도 있다. 욕망을 이용하려면, 먼저 그 숨은 본질을 읽어내야 한다. 그러나 이 기술에는 윤리적 문제가 따른다. 타인의 욕망을 읽고 그것을 이용하는 행위는 조종에 가깝다. 한 번 미끼에 걸린 사람은 미끼를 제공하는 사람에게 반복적으로 의존하게 된다. 그리고 아이러니하게도, 욕망을 이용하는 사람 역시 그 함정에 빠질 수 있다.

소비자의 욕망을 자극하던 기업가가 어느 순간 자기 자신도 과시와 확장의 욕망에 사로잡혀 몰락하는 경우는 드물지 않다. 욕망의 미끼를 던지던 손이, 어느새 미끼를 물고 있는 것이다.

결국 타인의 욕망을 이용하는 법은 위험과 기회가 공존한다. 사람을 움직이는 강력한 도구이자, 관계와 신뢰를 무너뜨리는 독이다. 이 기술을 쓰는 사람이라면 스스로에게 물어야 한다. 나는 이 사람의 욕망을 돕고 있는가, 아니면 함정으로 끌어들이고 있는가. 그리고 함정에 걸리지 않으려는 사람이라면, 자신의 욕망을 직시해야 한다. 그것을 숨기려

하지 말고, 그것이 나를 어디로 끌고 가는지 바라보아야 한다. 미끼는 언제나 내가 가장 숨기고 싶은 욕망의 모양을 하고 있다.

집단 속 기생 전략의 생물학적 근거

당신이 매일 속고 있는 일이 있다. 그것은 도둑질처럼 거칠지 않고, 폭력처럼 눈에 띄지도 않는다. 오히려 미소를 띠고 다가오며, 당신이 힘들게 얻은 것을 조용히 가져간다. 그 주인공은 다름 아닌 '공짜 수혜자'다. 인간 사회에서 가장 오래되고, 가장 은밀하며, 결코 사라지지 않는 본능이 바로 무임승차다. 누군가는 땀을 흘리고, 누군가는 그 땀의 결실만 가로챈다. 그리고 그들은 대개 가장 늦게 나타나 가장 많은 것을 챙긴다.

이것은 게으른 사람의 문제나 단순한 도덕성 결핍이 아니다. 뿌리는 훨씬 깊다.

진화생물학의 긴 역사 속에서 무임승차는 하나의 정교한 생존 전략이었다. 어떤 개체가 집단의 자원을 이용하지만, 그 집단의 유지·발전에 필요한 대가를 치르지 않는 행동을 가리켜 '프리라이더 전략'이라 한다. 가령 어떤 무리의 동물이 번갈아 가며 포식자를 감시한다고 하자. 대부분은 목숨을 걸고 경계에 나서지만, 일부는 몰래 경계를 게을리하며 다른 이들의 감시에만 의존한다. 이들은 포식자 위험을 줄이고, 자신은 더 많은 시간을 먹거나 휴식하는 데 쓴다.

이런 전략은 단기적으로 탁월하다. 위험은 피하고, 에너지를 아끼며,

이득만 챙길 수 있기 때문이다. 동물 생태계에서 이 기생 전략은 흔하다.

철새 무리에서 뒤쪽에 날아 공기 저항을 줄이는 개체, 사자 무리에서 사냥에는 거의 참여하지 않고 고기만 먹는 수컷, 심지어 개미 사회에서 일하지 않고 먹이만 얻어먹는 개체도 있다.

인간도 예외가 아니다. 원시 부족 사회의 무임승차자는 사냥과 채집에는 거의 기여하지 않으면서도, 공동 식사 자리에서는 같은 양을 먹는다. 하지만 이런 기생자를 완전히 내치는 일은 드물었다. 이유는 단순하다. 무임승차자를 잡아내고 배제하는 데도 '감시'라는 비용이 들기 때문이다. 감시와 처벌의 비용이 기생자가 가져가는 이득보다 클 때, 집단은 기생자를 품고 간다.

현대 사회에서는 이 전략이 훨씬 세련되고 교묘해졌다. 회의 시간에는 존재감이 없다가 성과 발표 때만 등장하는 동료, 프로젝트에는 최소한의 기여만 하고 결과물에 이름을 올리는 사람, 리스크가 큰 정책 결정에는 침묵하다가 성공한 후엔 가장 앞에 나서는 정치인. 이들은 모두 위험은 피하고 보상은 챙기는 무임승차자의 후손이다.

심리학자들은 무임승차를 '합리적 이기주의'의 한 형태로 본다. 집단이 자신의 생존과 번영에 필수적이라면, 최소한의 노력으로 최대한의 이득을 얻는 것이 경쟁에서 유리하기 때문이다. 특히 집단이 클수록 무임승차자는 더 잘 숨는다. 개인의 기여도를 측정하기 어렵고, 책임은 희석되며, 감시는 느슨해진다.

문제는 무임승차자가 늘어날수록 집단 전체의 효율이 떨어진다는 점이다. 경제학에서 말하는 '공유지의 비극'이 그대로 반복된다. 모두가 조금씩 기생하려고 하면 공동 자원은 고갈되고, 집단은 붕괴한다.

현대 복지 제도나 세금 체계에서도 이 문제는 되풀이된다. 일부가 세금을 회피하거나 복지를 과도하게 이용하면, 제도의 지속 가능성이 무너진다.

진화론적으로 인류는 이 문제를 줄이기 위해 두 가지 적응 전략을 발전시켰다.

첫째, 평판 시스템이다. 누가 기여했고, 누가 기여하지 않았는지를 기억하고, 이를 집단에 알린다. 원시 사회에서 나쁜 평판은 곧 생존의 위협이었다.

둘째, 처벌 메커니즘이다. 기여하지 않는 사람을 벌하거나 배제하는 것이다. 흥미롭게도, 인류는 벌을 주는 사람에게도 보상을 주었다. '정의로운 처벌자'가 존경받고 리더가 되는 것은 이런 이유다.

그러나 완벽한 해결책은 없다. 무임승차 본능은 우리 유전자 속에 깊숙이 박혀 있다. 우리는 스스로를 성실한 기여자라고 믿지만, 무의식적으로 위험과 부담을 피하고 싶어 한다. 회의에서 침묵하고, 번거로운 일은 미루고, 누군가 대신 해주기를 바란다. 그리고 성공이 눈앞에 나타나면 슬며시 이름을 얹는다.

이 불편한 진실을 인정하는 것이 출발점이다. 무임승차를 없앨 수는 없지만, 줄일 수는 있다. 투명한 기여 기록, 공정한 보상, 기여와 보상의 직접 연결, 그리고 작은 집단에서의 상호 감시와 신뢰가 이를 억제한다.

무임승차는 결코 사라지지 않는다. 그러나 그 비율을 낮추고, 기여하는 쪽이 손해 보지 않는 환경을 만드는 것이 유일한 해법이다. 중요한 것은 우리 모두 무임승차자가 될 잠재력을 지니고 있다는 사실이다. 결국 집단의 성패는 이 질문에서 갈린다.

당신은 기여하는 자로 남을 것인가, 아니면 기회를 엿보는 자로 살 것인가. 그리고 이 선택은 단지 집단의 운명만이 아니라, 당신 자신의 운명까지도 바꾸게 될 것이다.

실패를 남에게 돌리는 진화적 생존법

오늘 하루를 돌아보라. 일이 잘못됐을 때, 그 원인을 당신이 아닌 다른 사람이나 외부 상황 탓으로 돌린 순간이 있었는가. 아마 많지 않다고 생각할지 모른다. 그러나 인간은 생각보다 자주, 무의식적으로 책임을 외부로 전가한다. 이 본능은 게으름이나 비겁함의 산물이 아니라, 오히려 수십만 년 동안 생존을 위해 진화한 전략이다.

원시 부족 사회에서 책임은 단순한 도덕적 의무가 아니라 생존과 직결되는 무게였다. 사냥에 실패하거나 위험한 결정을 잘못 내렸다는 비난을 받으면, 집단에서 배제당해 생존 가능성이 급격히 줄었다. 그래서 인간은 본능적으로 '내 탓이 아니다'라는 방패를 들었다. 실패나 실수의 대가를 다른 사람에게 떠넘김으로써 자신은 비난과 처벌의 위험에서 벗어났다.

심리학에서는 이를 '자기 보호 편향(self-serving bias)'이라고 부른다. 사람은 성공의 원인은 자신에게 돌리고, 실패의 원인은 외부 요인이나 타인에게 돌리는 경향을 갖는다. 이것은 단순한 변명이 아니라 자존감과 사회적 지위를 지키기 위한 심리적 방어 장치다. 집단 안에서 신뢰와 지위는 곧 생존의 기반이었고, 책임 전가는 그 기반을 지키는 가장 빠른 방법이었다.

현대 사회에서도 이 본능은 여전히 강력하게 작동한다. 회사에서는 프로젝트 실패를 '시장의 불황'이나 '윗선의 잘못된 판단'으로 돌리고, 정치권에서는 정책 실패를 이전 정권 탓으로 미룬다. 심지어 가정에서도 부부 간 갈등의 원인을 상대방에게 떠넘기는 일이 잦다. 사회학자들은 이를 위험 분산 전략으로 해석한다. 책임을 특정 개인이 아닌 여러 요인으로 나누면 비난은 약해지고, 처벌도 완화된다. 원시 사회에서 작동하던 '희생양 메커니즘'이 현대에도 형태를 바꿔 살아있는 셈이다.

뇌 과학 연구에 따르면, 자신의 잘못을 인정할 때 활성화되는 전측 대상피질(ACC)은 불쾌감과 스트레스를 유발한다. 반대로 책임을 외부로 돌릴 때는 이 불쾌감이 줄고 뇌의 보상 회로가 작동해 심리적 안도감을 준다. 다시 말해, 책임 전가는 본능적으로 '기분을 좋게 만드는' 생존 반응이다. 그러나 이 전략은 장기적으로 신뢰를 갉아먹는다. 반복적으로 책임을 회피하는 사람은 결국 진짜 위기 상황에서 아무도 지켜주지 않는다. 조직도 마찬가지다. 책임 전가가 문화가 되면, 구성원들은 위험을 감수하지 않게 되고, 혁신은 사라진다. 역사는 이를 증명한다.

2차 세계대전 말기의 나치 장군들은 패전의 책임을 모두 히틀러에게 돌렸고, 베트남 전쟁 당시 미군 지휘부는 실패를 현장 지휘관 탓으로 전가했다. 그러나 이런 전가는 내부 불신과 혼란을 키워 전쟁 수행 능력을 급속히 약화시켰다.

책임 전가에서 벗어나려면 먼저 자신이 얼마나 자주 책임을 미루는지를 인식해야 한다. 다음 질문을 던져보라. "이 문제가 발생했을 때, 나는 처음에 누구를 떠올렸는가? 나 자신이었는가, 아니면 다른 사람이나 환경이었는가?" 이 질문에 대한 솔직한 답이 당신의 책임감 수준을 보여준다. 두 번째로, 책임을 공유하는 문화를 만들어야 한다. 실수가 드러나더라도 개인이 파멸하지 않도록, 실패를 학습의 기회로 전환하는 구조가 필요하다. 마지막으로, 리더가 스스로 책임을 지는 모습을 보여야 한다. 이는 집단에 '책임을 인정해도 안전하다'는 강력한 신호를 준다.

책임 전가는 인간이 생존을 위해 발명한 심리적 방패이자 사회적 무기다. 그러나 이 무기를 과도하게 쓰면, 신뢰와 관계, 그리고 집단 자체를 무너뜨린다. 실패를 남에게 돌리는 순간은 달콤하지만, 그 대가는 오래간다. 진짜 강한 자는 실패를 숨기지 않고, 책임을 스스로 짊어지는 사람이다. 그것이 단기 생존이 아니라, 장기 번영을 가능하게 하는 유일한 길이다. 그리고 그 선택은 지금, 바로 당신의 손에 달려 있다.

PART 3

본능의 심연

chapter 1

과시의 심리

나를 크게 보이게 하려는 무의식

우리는 모두 조금씩 과장한다. 친구에게 지난 주말 있었던 일을 이야기할 때, 회의에서 자신의 공을 설명할 때, 심지어 소셜 미디어에 사진을 올릴 때조차도.

이 과장은 꼭 거짓말일 필요는 없다. 단지 "조금 더 멋지게", "조금 더 크게" 보이도록 살짝 덧칠하는 것이다. 그런데 이 사소한 과장이야말로 인간의 본능 깊숙이 새겨진 생존 전략이라는 사실을 아는 사람은 많지 않다.

과시는 단순한 허세가 아니라 진화의 산물이다.

진화심리학자 제프리 밀러는 이를 '신호 이론'으로 설명한다. 동물 세계에서 수컷 공작이 화려한 꼬리를 펼치는 이유는 단순히 예쁘게 보이기 위해서가 아니다. 그 크고 무거운 꼬리를 유지하는 데는 엄청난 에너지가 든다. 게다가 포식자에게 더 쉽게 노출되는 위험까지 감수해야 한다. 그런데도 여전히 살아남아 번식할 수 있다는 것은 그만큼 건강하고 강하다는 증거다. 인간도 비슷하다.

우리는 비싼 옷, 세련된 말투, 인맥, 성공 스토리를 통해 "나는 자원과 능력을 가진 사람"이라는 메시지를 보낸다. 그 순간의 과장은 생존과 번식 확률을 높이는 전략이 된다.

역사를 돌아보면, 이 본능을 탁월하게 이용한 인물들이 있었다.

나폴레옹은 전장에서 승리했을 때보다, 패배했을 때 더 빛났다. 그는 패배를 "전략적 후퇴"로 묘사했고, 병사들의 사기를 꺾기보다 오히려 고양시켰다. 이 과장된 이미지 덕분에 유럽 각국은 그를 불패의 영웅으로 기억했다.

스티브 잡스 역시 제품의 기술적 완성도 이상으로 '이미지'를 연출하는 데 능했다. 그는 '세상에서 가장 얇은 노트북'을 들고 무대에 섰고, 청중은 숨을 죽였다. 기능의 개선보다 '순간의 장면'을 각인시키는 과시의 힘이, 기술력만큼이나 강력한 무기가 될 수 있음을 보여준 사례다.

심리학에서는 이를 '인상 관리'라 부른다. 우리는 새로운 관계를 맺는 순간, 무의식적으로 강점을 부각하고 약점을 숨긴다. 소개팅 자리에서 평소 한 달에 한두 번만 조깅하는 사람이 "주말마다 달립니다"라고 말하는 것처럼. 이 작은 과시는 해를 끼치지 않는 듯 보이지만, 듣는 사람의 인식을 바꾸고 관계의 방향을 정한다.

현대 사회의 무대는 훨씬 넓다. 인스타그램, 링크드인, 유튜브는 현대인의 '과시 장치'다. 여행 사진, 경력, 일상 브이로그 모두 현대판 공작 꼬리다. 흥미로운 건 과시의 대상이 물질적 부에만 한정되지 않는다는 점이다. 지식, 경험, 인간관계, 심지어 도덕성까지 과시의 소재가 된다. "나는 이렇게 올바른 사람"이라는 이미지는 때로 고급 시계보다 강력한 사회적 신호가 된다. 하지만 이 경쟁에는 끝이 없다. 누군가 몰디브 사진을 올리면, 다른 누군가는 스위스 알프스 사진을 올린다. 이 과시 인플레이션은 사람들을 더 화려하고 자극적인 장면으로 내몬다.

그렇다고 과시가 항상 부정적인 건 아니다. 문제는 강도를 조절하지 못할 때다.

첫째, 과장은 신뢰를 깬다. 시간이 지나 사실과 다르다는 것이 드러나면, 관계는 빠르게 식는다.

둘째, 과시 경쟁은 피로를 만든다. 남보다 더 돋보이기 위해 에너지를 쏟는 과정에서 심리적 소진이 쌓인다.

왜 멈추기 어려울까.

뇌 과학은 과시가 도파민 보상 회로와 연결돼 있다고 설명한다. 누군가 내 말에 감탄하거나 SNS에서 '좋아요'를 누를 때 뇌는 쾌락 호르몬을 분비한다. 이 쾌감은 중독성을 지녀, 더 큰 과시를 부추긴다. 처음엔 작은 성취를 보여주던 사람이 점점 더 자극적인 '그림'을 찾아 헤매는 이유다.

과시가 무너뜨린 사람들의 이야기는 경고가 된다. 한 스타트업 창업자는 투자자 앞에서 회사의 성장률을 과장했다. 투자금은 받았지만, 실제 수치는 그 절반에도 미치지 못했다. 불과 1년 뒤, 그는 신뢰를 잃고 업계에서 설 자리를 잃었다.

한 방송인은 SNS에서 완벽한 가정을 연출했지만, 실제 생활은 갈등으로 가득했다. 진실이 드러났을 때 대중의 반응은 냉혹했다. 과시는 단기적으로는 매혹적인 빛을 내지만, 장기적으로는 무거운 그림자를 남긴다. 그렇다고 본능을 억누르는 것이 해법은 아니다. 과시는 완전히 없앨 수 없다. 대신 방향을 바꾸는 것이 필요하다.

첫째, 사실 기반 과시를 하라. 없는 것을 꾸미지 말고, 실제 성취를 돋보이게 만드는 연출을 하라.

둘째, 타인을 위한 과시를 시도하라. 자신의 능력을 드러내되, 그것이 주변의 성과나 공동의 목표 달성에 기여하는 형태가 되도록 하라.

셋째, 자기 인식 훈련을 하라. "나는 왜 이걸 보여주고 싶은가?"라는 질문을 습관화하면 불필요한 허세를 줄일 수 있다.

결국 과시는 본능과 성찰의 경계에 있다. 과거에는 생존을 위한 신호였지만, 현대에는 관계와 신뢰를 시험하는 장치가 됐다. 사소한 과장은 매력이 될 수 있지만, 신뢰를 해치는 순간 그것은 족쇄가 된다. 본능을 부정할 수는 없지만, 그 위에 성찰을 쌓을 수 있다. 그 균형이야말로 과시 사회에서 살아남는 진짜 생존 기술이다.

자원을 과장하고 능력을 부풀리는 욕망

인간은 언제나 자신이 가진 자원을 조금 더 커 보이게, 능력을 조금 더 대단해 보이게 표현하려는 경향이 있다. 그 욕망은 단순한 허영심의 산물이 아니다. 진화의 긴 여정에서 생존과 번식 경쟁에서 유리한 위치를 점하기 위해 발달한 본능적 전략이다. 자동차를 구입할 때를 예로 들어보자. 합리적인 소비자는 연비, 내구성, 안전성 같은 실용적 요소를 꼼꼼히 따진다. 그러나 실제 구매 결정에서는 차가 주는 이미지, 곧 "이 차를 몰고 있는 나는 어떤 사람인가"라는 사회적 메시지가 더 큰 영향을 미친다. 이는 곧 소비가 단순한 기능의 교환이 아니라, 사회적 신호의 발신 행위임을 보여준다.

토르스타인 베블런은 『유한계급론』에서 부유층의 비합리적 소비를 '과시적 소비'라 규정했다. 그는 이것이 허영심의 발현이 아니라, 사회적 지위와 힘을 드러내기 위한 전략이라고 분석했다. "나는 이렇게 쓸모없을 정도로 비싼 것을 살 수 있다"는 메시지는 곧 "나는 그만큼 자원이 풍부하다"는 증거가 된다. 이 신호는 경쟁자를 위축시키고, 잠재적 동맹이나 협력자를 끌어들이며, 번식 시장에서의 매력을 높이는 효과를 낳는다.

생존과 번식의 신호는 인간만의 발명이 아니다. 자연에서는 경쟁과 선택의 무대가 늘 펼쳐져 있다.

어떤 새는 복잡한 노랫소리로, 어떤 물고기는 반짝이는 비늘빛으로 짝을 끌어당긴다. 화려한 노래와 빛깔을 유지하려면 많은 에너지가 들고, 포식자의 주목을 받을 위험도 따른다. 그럼에도 불구하고 여전히 살아남아 노래를 부르고 빛을 발하는 존재는 강인함을 증명한다.

인간 사회에서의 이와 같은 신호는 과도한 소비재가 아니라, 치열한 경쟁 속에서도 꺾이지 않고 지속적으로 성과를 내는 모습이나 어려운 환경에서도 자신만의 개성을 지켜내는 태도 속에서 드러난다. 이런 과시는 직접적인 생존과는 거리가 있어 보이지만, 사회적 서열 속에서 상징적 우위를 확보하는 강력한 수단이다.

하버드대와 스탠퍼드대 연구팀은 고급 브랜드 착용 시 뇌의 보상중추가 강하게 활성화된다는 사실을 밝혀냈다. 특히 '다른 사람이 그 물건을 어떻게 볼까'를 상상할 때 반응이 훨씬 강하게 나타났다. 즉, 우리는 물건 자체보다 그것이 만들어내는 '타인의 시선 속 나'에 더 큰 가치를 둔다. 이로 인해 소비 행위는 개인적 만족보다 사회적 평가를 겨냥하는 방향으로 변질되기 쉽다.

과거에는 과시의 무대가 한정적이었다. 명절 친척 모임이나 동네 잔치, 직장 회식 같은 자리에서 보여줄 수 있는 정도였다. 그러나 디지털 시대, 특히 소셜 미디어의 등장은 과시의 무대를 전 세계로 확장시켰다. 인스타그램, 페이스북, 유튜브, 틱톡은 '공개된 일기장'이자 '실시간 전시관'이 되었다. 누군가는 신혼여행지에서의 파노라마 사진을, 누군가는 자녀의 국제학교 입학 소식을, 또 다른 누군가는 자신이 완주한 마라톤 메달을 공유한다. '좋아요'와 댓글은 뇌의 도파민 회로를 자극하고, 이 쾌감은 더 강한 자극을 찾게 만든다. 이제 소비의 목적이 '나의 필요'에서 '타인의 반응'으로 옮겨간다.

역사 속 사례는 과시의 위험을 경고한다.

로마 제국 말기, 귀족들은 부를 과시하기 위해 끝없는 연회와 사치품 경쟁에 몰두했다. 그 결과 국가 재정은 고갈되고, 민심은 서서히 등을 돌렸다.

프랑스의 루이 16세와 마리 앙투아네트의 호화로운 궁정 생활 역시 시민의 분노를 폭발시켜 혁명의 도화선이 되었다. 과시는 단기적으로는 권력과 명성을 강화하지만, 장기적으로는 자원 소모와 사회 불안을 불러오는 독이 될 수 있다.

심리학자 리처드 이스터린은 소득이 늘어도 행복이 일정 수준 이상 오르지 않는 '이스터린 패러독스'를 제시했다. 그 이유는 절대적 부보다 상대적 위치가 더 강하게 작용하기 때문이다. 같은 아파트 단지에 살아도, 이웃이 더 크고 좋은 평수의 집을 가지면 박탈감을 느끼고, 반대로 내가 더 크면 만족을 느낀다. 이 비교의 함정은 소비를 끝없는 경쟁으로 몰아넣고, 만족보다 결핍을 더 크게 만든다.

이 함정은 현대인의 일상 속에서 끊임없이 재현된다. 동창 모임에서 친구의 시계 브랜드가 화제가 되면, 집으로 돌아오는 길에 나도 모르게 인터넷 쇼핑몰을 검색한다. SNS에서 다른 사람이 올린 여행 사진을 보면, 나도 다음 휴가 때는 더 멀리, 더 화려한 곳으로 가야겠다는 생각이 든다. 이런 심리적 압박은 소비를 필요의 차원을 넘어 과잉의 영역으로 밀어 넣는다.

뇌과학적으로 과시는 도파민 보상 시스템과 깊이 연결돼 있다. 누군가 내 선택을 칭찬하거나 부러워할 때 뇌에서 쾌락 호르몬이 분비된다. 이 쾌감은 중독성이 강해, 시간이 지날수록 더 자극적이고 과장된 과시를 추구하게 된다. 한 번의 명품 가방은 다음 시즌의 신제품으로, 한 번의 해외여행은 더 이국적이고 고급스러운 여행으로 이어진다. 이 과정에서 현실과 이상 사이의 간극은 커지고, 때로는 빚과 불안이라는 그림자가 뒤따른다. 그러나 과시를 완전히 없애는 것은 불가능하다. 그것은 생존 전략으로서 뿌리 깊게 각인된 본능이기 때문이다. 중요한 것은 그 방향을 재설정하는 일이다.

첫째, 물질 대신 경험과 배움을 과시하는 것이다. 새로운 언어를 배우거나, 악기를 연주하거나, 사회봉사 활동에 참여하는 것은 외적 화려함보다 깊고 오래가는 매력을 준다.

둘째, 브랜드 로고보다 가치와 철학을 드러내는 것이다. 친환경 제품을 사용하고, 공정무역 커피를 마시고, 사회적 기업의 서비스를 이용하는 것도 충분히 과시가 될 수 있다.

셋째, 타인을 위한 과시를 시도하는 것이다. 나의 성취가 공동체의 발전에 기여할 때, 그 과시는 자랑이 아니라 존경을 낳는다.

마지막으로, 자기 인식을 습관화해야 한다. 무언가를 보여주고 싶을 때, 스스로에게 "왜 이걸 보여주고 싶은가?"라고 묻는 것이다. 이 질문은 불필요한 허세를 걸러내고, 진짜 나를 드러내는 과시에 집중하게 만든다. 과시의 본능을 이해하고 의식적으로 통제하는 사람만이, 그것을 파괴적 경쟁에서 창조적 동력으로 바꿀 수 있다.

결국, 인간이 자원을 과장하고 능력을 부풀리는 욕망은 오래된 생존 기술이지만, 무분별하게 발현될 때는 개인과 사회를 모두 소모시키는 독이 된다. 그러나 그 욕망이 경험, 배움, 사회적 기여로 방향을 틀 때, 그것은 오히려 성장과 창조를 촉진하는 강력한 힘이 된다. 진정한 부와 능력은 과시하지 않아도 자연스럽게 드러나는 순간 가장 빛난다. 그리고 그 빛은 타인의 시선을 사로잡는 화려함이 아니라, 시간과 진심이 만든 깊이에서 나온다.

사냥꾼이 전리품을 과시하던 원시 본능

붉은 태양이 지평선 너머로 떠오르기 직전, 풀숲에는 차가운 새벽이슬이 내려앉아 있었다. 바람이 멈춘 순간, 어둠 속에서 들려오는 건 낮게 울부짖는 들소의 숨소리. 사냥꾼의 손에는 길게 깎은 창이 쥐어져 있었고, 그의 눈은 먹잇감의 움직임을 한 치도 놓치지 않았다. 그 옆의 동료들은 숨을 죽이고, 흙바닥에 엎드린 채 긴장된 시선을 교환했다. 오늘 그들이 노리는 건 단순히 배를 채울 한 끼의 고기가 아니었다. 그건 목숨을 건 도전, 그리고 마을 전체에 자신을 증명할 단 한 번의 기회였다. 사냥이 끝나고 돌아올 때, 그가 들고 올 전리품은 집단의 식량이자, 그 이름을 오랫동안 회자하게 할 명예의 상징이었다.

인류학자 리처드 리(Richard Lee)가 보츠와나의 쿵족을 연구한 결과, 대형 사냥에 성공한 이들이 반드시 더 많은 고기를 먹는 것은 아니었다. 고기는 공동체 구성원 모두에게 공평하게 나누어졌기 때문이다. 하지만 사냥꾼은 그 위험한 도전을 통해 더 큰 '사회적 보상'을 받았다. 용기, 기술, 인내심, 그리고 집단을 위해 몸을 던질 수 있다는 헌신. 이 특질들은 원시 사회에서 생존을 넘어 짝짓기와 동맹 형성에서 결정적인 매력 자산이 되었다.

탄자니아 하드자족의 연구에서도 비슷한 결과가 나왔다.

프랭크 말로(F. Marlowe)는 사냥 성공률이 낮더라도, 위험한 사냥에 반복적으로 참여하는 남성이 공동체에서 높은 평가를 받는다고 보고했다. 흥미로운 건, 집단이 결과보다 '시도와 용기'를 더 높이 샀다는 점이다. 이 문화적 패턴은 현대 사회에도 이어진다.

실패한 창업자라 하더라도, 그의 도전 기록이 새로운 투자자를 설득하는 '브랜드'가 되는 이유다.

오늘날 우리는 창이나 활을 들고 들소를 쫓지 않는다. 대신 위험이 도사리는 다른 무대가 있다. 목숨을 건 산악 원정, 위험 부담이 큰 스타트업 창업, 사회적 반발이 예상되는 개혁 운동, 혹은 예술계의 전위적 작품 발표. 이런 도전들은 물질적 보상을 넘어서 '평판'을 만든다.

에베레스트 정상에 오른 산악인에게 돌아오는 건 금전이 아니라 "나는 해냈다"는 상징 자본이다. 마찬가지로, 파산 위험을 무릅쓰고 새로운 시장에 뛰어든 기업가는 성공 시 사회적 위상과 인맥 자본을 얻는다.

뇌과학적으로 위험을 감수하고 성취를 이뤘을 때, 편도체는 위험 신호를 분석하고 전전두엽은 전략을 조율한다. 이후 도파민과 아드레날린이 동시에 분출되며 뇌의 보상 회로를 강하게 자극한다. 이 화학 반응은 쾌감과 각성을 동시에 주고, '다시 하고 싶은 욕망'을 만든다. 원시 사냥꾼이 대형 사냥에 성공하면 이후에도 같은 위험을 반복해서 감수하는 이유가 바로 여기에 있다.

문화권마다 이 본능은 다른 형태로 나타났다. 북극권의 이누이트 사냥꾼은 혹한 속에서 바다표범과 고래를 잡으며 생존과 명예를 동시에 추구했다.

폴리네시아 항해자는 별과 바람만을 의지해 미지의 섬을 찾아 항해했다.

한국 역사 속의 장보고는 해적이 지배하던 바다를 장악해 국제 무역망을 개척했고, 세종대왕은 정치적 반발과 실패 가능성을 무릅쓰고 과학·문화 혁신을 단행했다.

이순신 장군의 명량 해전 역시, 숫적으로 불리한 상황에서 목숨을 건 도전이었으며, 승리 후 그는 전리품이 아닌 '불멸의 명예'를 얻었다. 그러나 이 본능은 승리의 문이 될 수도, 파멸의 길이 될 수도 있다. 하지만 무모한 도전은 파멸을 부른다.

고대 사냥꾼은 실패하면 굶주림과 부상을 감수해야 했고, 현대의 사업가나 정치인은 과도한 위험으로 인해 몰락할 수 있다. 심리학은 인간이 위험을 과소평가하고 사회적 보상을 과대평가하는 경향을 지적한다. 이로 인해 불필요한 전투와 경쟁이 반복되고, 집단 전체가 큰 손실을 입기도 한다.

이 위험을 현명하게 다루는 방법은 세 가지다.

첫째, 계산된 위험 감수. 원시 사냥꾼도 맨손으로 사자에 맞서지 않았다. 정보 수집, 사전 준비, 전략 수립이 필수였다. 현대 사회에서도 데이터 분석과 리스크 관리, 대안 시나리오 준비는 필수다.

둘째, 의미 있는 전리품 선택. 단순히 눈길을 끄는 성취보다, 장기적으로 자신과 공동체 모두에 가치가 되는 목표를 정해야 한다.

셋째, 과시의 방향 전환. 위험을 감수했다는 사실만을 강조하는 대신, 그 과정에서 얻은 교훈과 성장 경험을 공유해야 한다.

문명은 위험을 감수한 과시 본능이 만든 성취 위에 세워졌다. 대륙 발견, 신기술 창조, 예술과 과학의 혁신은 모두 이 본능이 작동한 결과다.

그러나 '어디서 멈출지'를 아는 지혜가 없다면, 이 본능은 개인과 사회를 파괴할 수 있다. 전리품을 과시하고 싶은 욕망을 공동체의 장기적 이익과 연결시키는 것, 그것이야말로 원시 본능을 현대의 성공 전략으로 바꾸는 길이다.

결국, 우리는 여전히 누군가의 시선 속에서 인정받기 위해 위험을 감수한다. 형태는 달라졌지만 본질은 변하지 않았다. 고대의 사냥꾼이 들소 가죽을 어깨에 걸쳤듯, 현대의 도전자는 프로젝트의 성과, 혁신의 아이디어, 혹은 극한의 기록을 세운 인증 사진을 내민다. 그러나 진정한 승리자는 무모하게 모든 것을 건 사람이 아니라, 위험과 보상을 냉정하게 저울질하며, 그 도전이 자신과 공동체 모두를 이롭게 만들 수 있는 사람이다. 그것이야말로 인류가 진정으로 전리품을 얻는 방식이다.

아름다움 매력 과시를 위한 '낭비'의 진화

자연에서 가장 인상적인 장면 중 하나는 수컷 새들의 노랫소리다. 짝짓기 철이 되면 방울새나 찌꼬리 같은 수컷들은 끝없이 길고 복잡한 노래를 부른다. 그러나 이 노래는 생존에는 직접적인 도움이 되지 않는다. 오히려 에너지를 크게 소모하고, 소리가 멀리 퍼져 포식자에게 자신을 알리는 위험을 감수해야 한다. 그럼에도 불구하고 이들은 더 길고, 더 섬세하고, 더 화려한 노래를 만들도록 진화해왔다. 이유는 단 하나, 암컷이 그런 수컷을 더 매력적으로 느끼기 때문이다.

찰스 다윈이 성 선택(sexual selection)이라는 개념을 제시하며 설명했듯이, 생존에는 불리하지만 번식에는 유리한 특징이 세대를 거쳐 강화될 수 있다. 공작의 꼬리, 사슴의 거대한 뿔, 열대어의 형형색색 비늘, 새의 장황하고 아름다운 울음소리 모두 이런 범주에 속한다. 이들은 에너지를 소모하고 위험을 높이는 '낭비'처럼 보이지만, 그 낭비야말로 상대방에게 '나는 이렇게 쓸데없는 데에 에너지를 쓸 만큼 건강하고 강하다'는 신호를 보내는 것이다.

인간도 예외가 아니다. 우리는 생존에 필요한 최소한 이상의 것들을 꾸미고, 치장하고, 때로는 위험을 감수하며 과시한다. 고급 시계, 명품 가방, 초호화 웨딩, SNS 속 완벽하게 연출된 여행 사진은 현대판 공작 깃털이다. 실용적 기능만 놓고 보면 과도한 소비처럼 보이지만, 그 과시적 낭비는 사회적 지위와 매력을 높이는 신호로 작용한다. 흥미로운 점은 이러한 낭비가 반드시 물질에 국한되지 않는다는 것이다. 우리는 시간을 낭비하듯 보이는 행동으로도 신호를 보낸다. 예를 들어, 한 CEO가 하루를 통째로 투자해 자선 행사에 참여하거나, 스포츠 경기에 직접 출전하는 모습은 돈과 시간, 체력이라는 세 가지 자원을 동시에 소모하는 행위다. 표면적으로는 비효율적이지만, 주변 사람들은 거기서 '그만큼 여유가 있고 영향력이 있다'는 무언의 메시지를 읽는다.

인류학자 손야 보모어-루이스(Sonya Boehmmer-Lewis)는 남태평양의 트로브리안드 제도 주민들이 거대한 조개껍질 목걸이를 만들어 서로 주고받는 관습을 연구했다. 이 목걸이는 실용적 가치가 전혀 없다. 목걸이를 걸어도 생활이 편리해지지 않고, 전투에서 도움이 되지도 않는다. 그럼에도 그것을 소유하고 교환하는 행위는 부와 권력, 인맥을 상징하며, 그 네트워크가 클수록 사회적 영향력이 커졌다. 즉, 쓸모없는 물건이 사회적 '무기'로 기능한 것이다. 이는 고대의 진귀한 향료, 루비와 사파이어 같은 보석, 고대 로마 귀족들이 애완 사자로 벌이던 경연까지 확장된다. 실용성은 전혀 없지만, 보기 드문 자원에 접근할 수 있다는 사실이 곧 힘이었다.

신경과학적으로도 '낭비'는 매력 신호로 작용한다. 뇌는 상대방이 불필요하게 많은 자원을 소비하거나 소모하는 모습을 보면 '그만큼 자원이 풍부하다'고 해석한다. 이때 보상 회로와 안정 회로가 동시에 반응하며, 즐거움과 평온을 함께 불러낸다. 우리는 본능적으로 "저 사람은 위기 상황에도 살아남을 가능성이 높다"는 판단을 내리고, 그것이 곧 호감으로 이어진다. 이 때문에 누군가가 위험한 스포츠를 즐기거나 값비싼 예술품을 수집하는 모습은 단순한 취향이 아니라, 사회적·진화적 관점에서 '나는 자원이 많고 그것을 쓸 여유가 있다'는 신호로 기능한다.

역사를 돌아보면, 불필요한 아름다움의 전형은 르네상스 시대 유럽에서 극대화되었다. 피렌체의 메디치 가문은 대리석과 금으로 장식된 궁전, 도시 곳곳의 분수, 미켈란젤로와 레오나르도 다 빈치 같은 예술가들의 후원으로 자신의 권력과 부를 드러냈다. 이는 단순한 미적 취향의 발현이 아니라, 도시 국가 전체를 장식품으로 만드는 전략이었다.

17세기 프랑스의 베르사유 궁전도 마찬가지다. 루이 14세는 수천 명이 참여한 정원 관리와 끝없이 이어지는 연회를 통해 '태양왕'이라는 이미지를 구축했다. 이 모든 장식과 사치는 국가 재정을 갉아먹었지만, 동시에 프랑스 귀족 사회의 위계질서를 공고히 하는 도구였다.

현대에도 낭비의 진화는 멈추지 않았다. 초고층 빌딩 경쟁, 억만장자의 우주 관광, 수백억 원짜리 미술품 경매, 인스타그램에서의 호화로운 라이프스타일 연출이 그 예다. 흥미로운 것은 디지털 시대의 과시는 물리적 낭비를 줄이고 '이미지 낭비'로 진화했다는 점이다. 실제로 여행지에서 즐기는 시간보다 사진을 찍고 편집하는 데 더 많은 노력을 기울이는 경우가 많다. 이런 '이미지 기반 낭비'는 물질보다 더 빠르고 넓게 퍼져, 사회적 비교 경쟁을 증폭시킨다. 그러나 불필요한 아름다움에는 명확한 위험이 존재한다. 과도한 낭비는 집단의 자원을 소모시키고, 개인의 경우 경제적 파탄을 불러올 수 있다.

절대왕정 시대의 프랑스 귀족들이 과도한 사치에 몰두하다가 대중의 분노를 사고 결국 혁명에 불씨를 제공한 것이 대표적인 사례다.

현대에도 과시적 낭비는 사회적 불평등을 심화시키고, 환경 자원의 고갈을 가속한다. 패스트패션 산업의 과도한 생산과 소비가 지구 온난

화와 폐기물 문제를 악화시키는 것이 그 단적인 예다.

그렇다고 해서 낭비적 아름다움을 완전히 부정할 수는 없다. 인류 문명의 많은 진보와 창조물이 바로 이 욕망에서 비롯되었기 때문이다.

파르테논 신전, 베르사유 궁전, 고흐의 그림, 올림픽 경기장은 생존에 필수적이지 않지만, 인류의 정신적 풍요와 정체성을 형성했다. 더 나아가, 이러한 과시 욕망은 과학과 기술의 발전에도 기여했다. 냉전 시대 미국과 소련의 우주 경쟁은 단순한 과학 발전이 아니라 국가의 위신과 과시 욕망이 만든 결과였다.

결국 문제는 '어디까지 낭비할 것인가'이다. 불필요한 아름다움이 매력의 신호로 작용하는 한, 인간은 그것을 완전히 버리지 못할 것이다. 그러나 그 낭비가 사회적 불평등과 환경 파괴로 이어진다면, 그것은 매력을 넘어 파괴적 본능이 된다. 따라서 현대의 과시 욕망은 절제와 책임이라는 새로운 필터를 거쳐야 한다. 개인적으로는 '소비의 이유'를 점검하고, 집단적으로는 '낭비의 구조'를 제어하는 제도가 필요하다. 불필요한 아름다움이 파괴가 아닌 창조의 에너지로 작동하도록 만드는 것이, 우리가 진화 속에서 배운 가장 지혜로운 생존 전략일 것이다.

결국 불필요한 아름다움은 '나는 이렇게 여유롭다'는 무언의 메시지다. 그것은 원시의 밀림에서나 현대의 대도시에서나 여전히 강력하게 작동한다. 우리는 공작의 꼬리를 부러워하면서도, 그 깃털이 가진 위험과 무게를 간과한다. 아름다움은 강력한 무기지만, 그것을 어떻게 사용할지는 우리의 선택이다.

chapter 2

지배와 복종의 심리

위계질서의 심리적 안식

아침 출근길, 붐비는 지하철에서 사람들은 무심히 서로의 어깨를 스치며 서 있다. 누군가가 작은 실수를 하면 그 방향에서 짧고 날카로운 시선이 쏟아진다. 그러나 같은 상황에서 경찰 제복을 입은 사람이 지나간다면, 아무도 쉽게 부딪히지 않는다. 우리는 무의식적으로 권위를 인식하고, 그 앞에서는 속도를 늦추고 목소리를 낮춘다. 그리고 그 반대편, 자신보다 힘이 약하다고 판단되는 사람 앞에서는 목소리가 커진다.

이 단순한 패턴 속에는 인간 진화의 오랜 그림자가 숨어 있다. 수십만 년 전 사바나에서 인간은 홀로 살아남을 수 없었고, 생존을 위해서는 명확한 서열과 역할 분담이 필요했다. 강자에게 복종하는 것은 집단의 안전을 보장하는 장치였고, 약자를 지배하는 것은 자신의 지위를 각인시키고 자원을 확보하는 수단이었다.

영장류 사회에서도 이 구조는 그대로 발견된다.

프랑스 동물학자 프랑스 드 발(Frans de Waal)의 연구에 따르면 침팬지 집단에서 알파 수컷은 힘과 연합을 통해 지배권을 유지한다. 하위 개체들은 복종하며 그 아래에서 또 다른 서열을 만든다. 흥미로운 점은 하위 개체가 더 약한 개체를 괴롭히는 장면이 자주 관찰된다는 것이다. 이는 권력이 위에서 아래로 흐르며, 그 과정에서 폭력과 지배 욕구가 전가된다는 사실을 보여준다. 인간 역시 이 위계 본능을 뼛속 깊이 새긴 채 살아간다.

심리학적으로 복종은 역설적으로 '안정감'을 준다. 결정과 책임의 무게를 강자에게 넘길 수 있기 때문이다. 군대의 병사는 명령을 따르는 대가로 생존 가능성을 높이고, 직장인의 복종은 실패의 책임을 줄인다.

스탠리 밀그램(Stanley Milgram)의 복종 실험은 이를 극명하게 보여준다. 실험 참가자들은 권위자의 지시를 받으면 타인에게 심각한 고통을 주는 행동조차 놀라울 만큼 쉽게 수행했다. 그들은 죄책감보다 "나는 시킨 대로 했을 뿐"이라는 심리적 면책감을 느꼈다.

최근의 뇌과학 연구도 이를 뒷받침한다. 2020년 『네이처 커뮤니케이션즈(*Nature Communications*)』에 발표된 연구에서는 권위자의 지시를 따르는 동안 전전두엽의 활동이 감소하고, 감정 조절과 도덕 판단을 담당하는 영역이 일시적으로 억제되는 현상이 확인됐다. 이는 권위 앞에서

'생각보다 반응이 먼저 나오는' 이유를 설명한다. 강자에게 복종하는 것은 죄책감보다 생존 본능과 책임 회피 욕구를 더 강하게 자극한다.

반대로 약자를 지배하는 것은 인간에게 통제감과 자기 효능감을 준다. 일상의 무력함을 보상받는 방식이 되며, 이는 '대리 권력(surrogate power)'이라 불린다. 진짜 권력이 없어도 누군가를 지배하는 순간, 잠시나마 권력자의 감정을 맛본다. 직장에서 상사가 부하 직원을 몰아붙이고, 고객이 종업원에게 무례하게 굴며, 학교에서 선배가 후배를 괴롭히는 모습은 모두 같은 뿌리에서 비롯된다.

미국 심리학자 대처(Dacher Keltner)는 이런 행동 패턴을 '위로부터 아래로 흐르는 폭력'이라고 불렀다. 강자에게 받은 압박이 약자에게 전가되는 것이다.

현대 사회는 평등과 민주주의를 표방하지만, 지배와 복종의 구조는 사라지지 않았다. 단지 형태가 변했을 뿐이다. 회사의 조직도, 정치권력의 피라미드, 학계의 서열, SNS의 팔로워 수와 인증 마크까지 모두 위계의 언어다. 사람들은 유명인의 인정, 상사의 칭찬, 영향력 있는 집단의 승인을 통해 자신을 측정한다. SNS에서 유명인의 게시물에 '좋아요'를 누르고, 댓글을 받으면 과도한 만족감을 느끼는 이유는 뇌가 도파민을 분비하며 쾌락을 주기 때문이다. 반대로 팔로워가 적거나 영향력이 작은 사람을 무시하는 것은 무의식적으로 자신의 우위를 확인하는 행동이다.

문제는 이 구조가 갈등과 불평등을 강화한다는 점이다. 직장에서 상사의 압박을 받은 직원이 집에서 가족에게 화를 내고, 학교에서 괴롭힘을 당한 학생이 더 약한 후배를 괴롭히는 악순환이 반복된다.

2018년 하버드 비즈니스 리뷰에 실린 조사에 따르면, 직장에서의 권위적 리더십은 부하 직원의 창의성을 평균 31% 감소시키고, 가정 내 갈등 가능성을 2배 높였다. 즉, 권위의 부정적 파급력은 직장을 넘어 개인의 사적 삶까지 침투한다.

이 패턴을 끊기 위해서는 우리가 느끼는 '복종의 안도감'과 '지배의 쾌감'이 본능이라는 사실을 자각해야 한다. 본능을 이해하면, 그것을 무조건 따르지 않고 의식적으로 선택할 수 있는 여지가 생긴다. 역사 속 위대한 지도자들은 이 본능을 거슬렀다. 링컨은 남북전쟁의 승리 후에도 남부를 포용했고, 간디는 폭력 대신 비폭력 저항을 택했다. 넬슨 만델라는 27년간의 수감 생활 끝에도 화해를 선택했다. 그들은 강자임에도 약자를 지배하지 않았고, 복종을 강요하지 않았다. 이 선택이야말로 진정한 힘이었다.

오늘날 개인의 일상에서도 '본능의 반역'은 가능하다. 직장에서 부당한 지시를 받았을 때 침묵 대신 의견을 제시하고, 가족이나 후배에게 권위를 과시하는 대신 존중을 선택하는 것이다. 처음에는 불편하고 손해처럼 느껴질 수 있다. 하지만 장기적으로는 신뢰와 자율성을 쌓으며, 자신만의 영향력을 구축하게 된다.

우리가 강자에게 복종하는 것은 나약해서가 아니라, 진화적으로 그 편이 더 유리했기 때문이다. 약자를 지배하는 것은 잔인해서가 아니라, 그것이 자기 확신과 통제감을 줬기 때문이다. 그러나 본능이 곧 운명은 아니다. 위계질서의 심리적 편안함 속에 안주하면 불평등과 폭력이 유지된다. 반대로, 약자를 지키고 강자에게 복종하지 않는 선택은 불편하지만 자유를 향한 길이다.

진정한 힘은 군림이 아니라 보호에서 나오며, 진정한 자유는 복종을 거부하는 순간부터 시작된다. 인간이 본능의 심연을 직시하고, 그 위에서 더 나은 관계와 사회를 설계할 수 있을 때, 비로소 지배와 복종의 역사는 다른 이름으로 쓰이게 될 것이다. 그리고 그 이름은, 아마도 '존엄'일 것이다.

모순된 뇌의 신호

인간은 권위에 끌린다. 강력한 리더의 목소리, 단호한 어조, 확신에 찬 태도, 화려한 경력은 우리의 판단을 순식간에 무너뜨린다. 역사 속에서 종교 지도자, 정치가, 명장, 학계의 석학까지 권위를 가진 사람들은 늘 대중의 신뢰와 충성을 쉽게 얻었다. 이건 단순히 문화적 학습의 결과가 아니다. 수십만 년 전 사바나에서 생존하기 위해 인간 집단에는 방향을 제시하고 결정을 내리는 리더가 필요했다. 리더를 중심으로 뭉친 집단이 살아남았고, 그 패턴은 뇌에 각인되었다.

오늘날 우리가 권위자에게 본능적으로 고개를 끄덕이는 이유는 그 시절의 생존 규칙이 여전히 작동하기 때문이다.

그러나 인간은 동시에 권위를 무너뜨리고 싶어 한다. 누군가의 위엄에 감탄하면서도 그 허점을 들춰내고 싶은 충동, 권위 있는 제도가 무너질 때 느끼는 묘한 해방감. 대중이 유명인의 스캔들 기사에 몰려드는 것은 단순한 호기심 때문이 아니다. 그것은 '권위에 대한 양가감정(ambivalence)'이 작동하는 순간이다.

우리는 한쪽에서 권위를 동경하며 따르고, 다른 쪽에서는 그것을 무너뜨려 자유를 되찾고 싶어 한다.

신경과학은 이 모순된 반응을 설명한다. 권위를 바라볼 때 전두엽과 변연계가 동시에 반응한다. 전두엽은 질서와 안정, 생존을 위해 권위를 따른다. 반면 변연계, 특히 편도체는 불평등과 위협에 민감하게 반응하며, 권위가 억압으로 느껴질 때 반발 신호를 보낸다. 뇌 속에서 두 개의 목소리가 동시에 울린다. “따라야 안전하다”와 “거부해야 자유롭다.”

이 이중 신호는 직장에서 잘 보인다. 직원은 상사의 결정에 따르면서도, 동료들과 모여 상사를 비난한다. 권위자의 지시를 거부하면 불이익을 당할 것을 알지만, 그의 무능을 폭로하거나 권위를 흠집 내는 순간 묘한 쾌감을 느낀다.

사회학자 피에르 부르디외는 이를 ‘상징적 폭력’ 속의 질서라고 설명했다. 권위는 힘만으로 유지되지 않는다. 사람들이 그 질서를 자발적으로 ‘당연하다’고 믿을 때만 지속된다. 그러나 그 믿음이 한 번 흔들리면, 권위는 모래성처럼 무너진다.

역사는 이런 심리의 폭발을 여러 번 목격했다. 프랑스 혁명에서 민중은 오랫동안 왕권에 복종했지만, 세금과 불평등, 굶주림이 누적되자 루이 16세를 단두대에 세웠다. 이것은 단순한 정치 투쟁이 아니라, 뇌 속에 쌓인 반발 에너지가 집단적으로 분출된 사건이었다.

20세기 중동의 여러 국가에서 일어난 ‘아랍의 봄’ 역시, SNS로 촉발된 정보의 해방이 권위의 기반을 흔들면서 폭발했다. 사람들은 더 이상 ‘당연한 질서’에 동의하지 않았고, 그 순간 권위는 무너졌다. 흥미로운 건, 권위에 대한 반발은 약자만의 특성이 아니라는 점이다. 권력의 중심에 있는 사람들도 더 높은 권위를 무너뜨리려 한다. 2인자가 1인자를 몰아내는 군사 쿠데타, 정당 내 지도자를 향한 내부 반란, 대기업 경영진의 권력 다툼이 그렇다. 권위에 대한 양가감정은 위계 사다리의 어느 층위에서나 존재한다.

이 심리는 소비 문화에도 스며 있다. 사람들은 명품 브랜드를 동경하면서도, 동시에 그 브랜드를 '허세'라 부르며 무시한다.

유명 가수의 콘서트를 예매하며 열광하다가, 그 가수의 사생활 문제를 들추는 기사에 열렬히 반응하는 것도 같은 맥락이다. 권위를 높이는 소비와 권위를 해체하는 조롱이 같은 사람 안에서 공존한다. 하지만 이 양가감정은 정치·사회적으로 쉽게 악용된다. 권위에 끌리는 성향은 카리스마 있는 선동가에게 이용당하기 쉽다. 반대로 반권위 성향은 체제를 무너뜨린 뒤 더 나쁜 권위를 세우는 빌미가 되기도 한다.

20세기의 많은 독재자들이 "기존 권위를 무너뜨리자"는 구호로 대중을 결집시킨 뒤, 집권 후에는 더 강압적인 권위를 만들었다. 권위를 거부하는 행동이 곧바로 자유로 이어지는 것은 아니다.

그렇다면 우리는 어떻게 해야 할까?

첫째, 권위를 받아들일 때는 그것이 '안전과 질서'라는 본래 기능을 수행하는지 점검해야 한다. 단지 복종을 강요하거나 특정 집단의 이익만 대변한다면, 그 권위는 건강하지 않다.

둘째, 권위를 무너뜨리고 싶은 욕망이 올라올 때는 그 동기를 살펴야 한다. 진정한 자유와 정의를 위한 것인지, 아니면 단순한 질투나 파괴 충동인지 자문해야 한다.

권위에 대한 이중 감정은 피할 수 없는 인간의 심리다. 하지만 그것을 자각하는 순간, 우리는 더 이상 본능의 포로가 아니다. 우리는 필요할 때 권위를 세우고, 필요 없을 때 해체할 수 있는 '권위의 주인'이 된다.

이것이야말로 성숙한 사회와 개인이 가야 할 길이다. 역사 속 많은 비극은 권위를 무조건 받아들이거나 무조건 부정한 결과였다. 앞으로의 사회는 이 두 극단을 오가며 흔들리는 대신, 권위를 도구로서 다루는 성숙한 균형 감각을 배워야 한다.

결국, 권위에 끌리면서도 무너뜨리고 싶은 우리의 뇌는 불편하게 모순적이다. 그러나 그 불편함이야말로 사회를 변하게 하는 힘이 된다. 모순은 불안하지만, 그 안에는 변화의 씨앗이 있다. 우리가 이 양가적 본능을 이해하고 의식적으로 선택할 때, 권위는 맹목적 복종의 대상이 아니라, 인류가 필요에 따라 세우고 해체하는 '가변적 구조'로 자리 잡을 수 있다. 그것이야말로 자유와 질서가 함께 살아가는, 성숙한 문명의 모습이다.

복종의 달콤함

인간은 자유를 갈망한다고 말하지만, 아이러니하게도 많은 순간 우리는 스스로 그 자유를 내려놓는다. 역설적으로 복종은 때때로 해방감을 준다. 어떤 결정을 내려야 하는지, 무엇이 옳고 그른지, 앞으로 어떻게 살아야 할지에 대한 무거운 선택의 짐을 다른 사람에게 맡길 때, 우리는 잠시나마 마음이 가벼워진다. 이는 단순한 나태나 무책임이 아니라, 인간의 뇌 구조와 진화 과정에서 비롯된 심리적 거래의 한 형태다.

진화심리학자들은 선택의 자유가 반드시 행복으로 이어지지 않는다는 점을 지적한다. 오히려 선택지가 많아질수록 불안과 후회가 증가하는 현상을 '선택의 역설'이라고 부른다. 뇌는 끊임없이 '이 선택이 최선인가?'라는 의심을 반복하며, 그 과정에서 막대한 인지 자원을 소모한다. 반면, 믿을 만한 권위자나 리더가 대신 결정을 내려줄 때, 뇌는 즉시 경계 모드를 낮추고 안정감을 느낀다. 이는 군중 속에서 느끼는 심리적 편안함과 유사하며, 집단생활에 적응해온 인류에게 본능적인 반응이다.

고대 부족 사회에서 리더에게 복종하는 것은 생존의 중요한 전략이었다. 사냥과 전쟁, 이주와 정착 같은 중대한 결정은 경험 많고 카리스마 있는 지도자가 내렸다. 구성원들은 그 결정에 따라 움직였고, 그 과정에서 개별 판단의 부담을 덜었다. 잘못된 선택의 책임은 지도자가 지는 것이었고, 개인은 그 책임에서 자유로웠다. 이런 구조는 집단 내 결속을 강화했고, 복종은 곧 안전과 직결되었다.

역사는 이 심리가 얼마나 강력하게 작동하는지를 보여준다. 중세 유럽의 농노들은 영주에게 충성을 맹세하고, 대가로 보호와 생계를 보장받았다. 일본 에도 시대의 사무라이들도 다이묘에 대한 절대 복종을 명예로 여겼다. 이러한 체제에서 복종은 단순한 의무가 아니라, 삶의 질서를 유지하는 안정 장치였다. 심리적 측면에서 보면, 이는 '선택의 책임'을 다른 사람에게 위임하는 대가로 느끼는 안도감이자, 일종의 거래였다.

현대 사회에서도 이 심리는 형태만 바뀌어 살아남았다. 기업 조직에서 상사의 지시에 따르는 것은 단순히 권위에 굴복하는 것이 아니라, 업무의 방향과 책임을 위임하는 심리적 안전망을 형성한다. 직원들은 상사가 정한 목표와 방법에 따라 움직이며, 성과와 실패에 대한 무거운 부담을 덜 수 있다. 정치에서도 마찬가지다. 유권자들은 복잡한 정책 결정 과정을 이해하고 평가하기보다, 자신의 가치관에 맞는 정치인을 선택하고 이후의 결정권을 그에게 맡긴다. 그리고 그 정치인이 결정을 내릴 때, 유권자는 스스로 모든 것을 판단해야 하는 부담에서 벗어나 있다.

문제는 이 달콤한 복종이 때로는 위험한 길로 우리를 이끈다는 점이다. 나치 독일에서 수많은 평범한 시민들이 히틀러의 정책에 복종한 이유 중 하나는, 그가 제공한 '확실한 방향'과 '단순한 해답'이었다. 유대인 문제, 경제 불황, 국가 재건이라는 복잡한 과제에 대해, 히틀러는 단호한 결정을 내렸고 대중은 그 단순함에 매혹됐다. 그러나 그 결과는 인류사 최악의 비극이었다. 심리학자 스탠리 밀그램의 '복종 실험'은 이 위험성을 과학적으로 증명했다. 실험 참가자들은 권위자의 지시에 따라 타인에게 전기 충격을 가했고, 그 과정에서 자신의 도덕적 판단보다 권위자의 명령을 우선시했다.

그렇다면 왜 우리는 이런 위험을 감수하면서까지 복종을 선택하는가. 뇌 과학은 그 이유를 설명한다. 복종은 전전두엽의 의사결정 부담을 줄이고, 편도체의 불안을 완화시킨다. 권위자의 지시를 따를 때 뇌는 '내가 책임지지 않아도 된다'는 안도감을 느끼며, 도파민이 분비되어 일시적 쾌감을 준다. 이는 마치 무거운 짐을 내려놓았을 때의 가벼움과 유사하다. 결국 복종은 신경학적 보상 시스템에 의해 강화되며, 반복될수록 습관이 된다.

복종은 또한 집단의 질서를 유지하는 데 효과적이다. 모든 사람이 각자 다른 결정을 내린다면 집단은 쉽게 분열된다. 반면, 다수가 하나의 결정을 따를 때 집단의 행동은 예측 가능해지고, 협력이 쉬워진다. 이는 군대의 명령 체계나 스포츠 팀의 전략에서도 확인할 수 있다. 혼란 속에서 질서를 유지하려는 인간의 본능이 복종을 매력적인 선택으로 만든다.

그러나 현대 사회에서 복종은 더 교묘한 형태로 나타난다. 알고리즘 추천, 자동화된 의사결정 시스템, 인공지능 비서가 내리는 '개인 맞춤형' 선택이 대표적이다. 우리는 영화 추천, 상품 추천, 심지어 연애 상대 추천까지 알고리즘에 맡기며, 그 결과에 쉽게 만족한다. 복종의 대상이 전통적인 권위자에서 기술로 옮겨간 셈이다. 이 과정에서 우리는 스스로 생각하고 결정하는 힘을 서서히 잃어간다.

복종이 반드시 나쁜 것은 아니다. 경험 많고 신뢰할 수 있는 리더에게 결정을 맡기는 것은 효율적일 수 있다. 그러나 그 달콤함에 취해 모든 선택을 위임하다 보면, 우리는 어느새 누군가의 의도와 이해관계 속에 갇힌 채 살아가게 된다. 더 큰 문제는 그 의도조차 눈치 채지 못한다는 것이다. 선택의 자유를 포기하는 순간, 우리는 자유로운 존재가 아니라 누군가의 설계된 게임 속 플레이어가 된다.

결국 복종은 심리적 부담을 덜어주는 거래이지만, 그 거래가 공정한지 여부는 우리가 끊임없이 점검해야 한다. 스스로 묻지 않는 복종은 편안함을 주는 대신, 우리의 판단력과 자율성을 갉아먹는다. 달콤함 뒤에 숨은 위험을 인식하는 것, 그리고 필요할 때는 그 달콤함을 거부할 용기를 가지는 것. 그것이 진정한 자유를 지키는 유일한 방법이다.

지배와 복종의 심리

인간 사회의 뼈대는 위계다. 원시 수렵 채집 공동체든, 현대의 글로벌 기업이든, 위에는 누군가가 서 있고 아래에는 누군가가 있다. 이 질서는 제도나 문화로만 형성된 것이 아니라, 수십만 년 동안 생존과 번식을 위해 진화한 뇌의 회로 속에 각인되어 있다. 흥미로운 점은 인간이 강자 앞에서는 본능적으로 무릎을 꿇고 심리적 안정을 느끼지만, 동시에 그 권위를 무너뜨리고 싶은 충동도 품고 있다는 사실이다. 이 모순은 생존과 경쟁, 혁명과 몰락의 역사를 관통하는 숨은 엔진이다.

고대 부족 사회에서 강자에게 복종하는 것은 단순한 굴종이 아니었다. 그것은 생존의 보험이었다. 힘센 지도자를 따르면 외부 침입자나 맹수로부터 보호받았고, 내부 갈등에서 안전했다.

진화심리학자 크리스토퍼 보임은 이를 '안식의 본능'이라 불렀다. 무리에서 가장 힘 있는 존재 곁에 있으면 생존 확률이 높아졌고, 그 심리적 안도감은 세로토닌의 분비로 강화됐다.

오늘날 직장에서 영향력 있는 상사 곁에 있을 때 마음이 놓이는 이유도 같다. 그 곁에 있으면 승진 가능성이 높아지고 실수의 책임이 줄어든다고 믿기 때문이다. 그러나 복종은 영원히 순수하지 않다. 일정한 안전이 확보되면 뇌는 다른 신호를 보낸다. "이제 그 자리를 차지하라." 복종과 도전은 같은 뿌리를 가진다. 복종은 당장의 안전을, 도전은 미래의 자원을 위한 전략이다. 그래서 정치사의 권력 교체를 보면, 오랫동안 지도자를 추종하던 측근이 가장 먼저 반기를 드는 경우가 많다.

로마의 브루투스가 카이사르를, 조선의 사림이 훈구를, 대기업의 부사장이 사장을 몰아낸 사건들이 그 예다. 가장 가까운 자리에서 강자의 약점을 속속들이 알게 되면, 뇌는 "내가 더 잘할 수 있다"는 확신으로 방향을 튼다.

이 본능의 작동은 마치 두 개의 전류가 한 회로 속에서 충돌하는 모습과 같다. 전두엽은 안정과 질서를 위해 권위를 따른다. 반면 편도체는 불평등과 억압에 예민하게 반응해, 권위가 위협적으로 느껴지는 순간 반란의 신호를 발한다.

심리 실험에서도 이중 반응이 관찰됐다. 참가자들은 카리스마 있는 리더를 처음엔 호감과 신뢰로 평가했지만, 그 리더가 자기 이익을 우선하는 듯한 발언을 하자 불신과 반발이 폭발적으로 증가했다. 호감과 반발은 같은 뿌리에서, 시간차를 두고 피어오른다.

이 모순은 일상에서도 선명하다. 회사에서 직원은 상사의 결정에 순응하지만, 회식 자리에서는 그의 무능을 비웃는다. 이는 단순한 험담이 아니라 '심리적 시뮬레이션'이다. 언젠가 권위를 무너뜨릴 수 있다는 가능성을 시험하고, 자신이 그 자리에 오를 수 있다는 상상을 강화하는 것이다. 가정, 학교, 심지어 온라인 커뮤니티에서도 동일한 패턴이 보인다.

인플루언서의 게시물에 찬사를 보내다가도, 그가 한 번 실수하면 비난이 폭주한다.

강자에게 복종하고 약자를 지배하는 심리는 즉각적인 안정과 우월감을 제공한다. 위를 향한 복종은 나를 보호하고, 아래를 향한 지배는 나를 크게 보이게 한다. 그러나 뇌는 한 칸 더 올라가고 싶은 욕망을 멈추지 않는다. 이때 위계가 안정적으로 유지되려면 상호 신뢰가 필요하지만, 이 모순된 본능은 권위의 수명을 짧게 만든다. 그래서 역사에서 권위는 유지보다 붕괴로 기우는 경우가 더 많다.

권위는 얼음 위의 성과 같다. 멀리서 보면 단단하지만, 내부에서 온도가 오르면 구조 전체가 미세하게 갈라지고 어느 순간 한꺼번에 무너진다.

프랑스 혁명에서 루이 16세를 무너뜨린 민중이 곧 새로운 권위를 세우고, 그 권위 역시 다시 도전받았던 이유가 여기에 있다. 권위는 안정과 반발이라는 두 온도의 차이 속에서 항상 위태롭게 서 있다.

신경과학 연구는 이를 수치로 보여준다. 권위 있는 인물 곁에 있을 때 세로토닌 분비가 늘어나 안전 신호를 보낸다. 그러나 같은 인물이 억압적으로 군림한다고 느껴지면 코르티솔이 폭발하며, 판단력은 공격성 쪽으로 기운다. 뇌는 '안정'과 '위협' 사이에서 줄다리기를 하지만, 시간이 흐르면 위협 신호가 우세해진다. 이 때문에 권위는 영구적 유지보다 변화를 전제로 한 설계가 필요하다. 때로는 권위를 무너뜨리는 것보다 지키는 편이 집단 전체에 유리할 때가 있다.

2차 세계대전 당시 영국 국민이 처칠의 지도력을 지키기 위해 내부 불만을 억눌렀던 사례가 그 예다. 권위 붕괴의 혼란보다 유지의 안정이 더 중요한 순간이었다. 이런 예외를 구분하지 못하면, 우리는 불필요한 반란으로 스스로를 위험에 빠뜨릴 수 있다.

개인 차원에서도 마찬가지다. 강자의 보호를 받되 맹목적 충성을 경계하고, 권위를 무너뜨릴 때는 대안을 준비해야 한다. 역사 속 많은 반란이 실패한 이유는, 권위 붕괴 후의 질서를 설계하지 못했기 때문이다. 무너진 자리에 더 나쁜 권위가 들어설 위험은 항상 존재한다.

결국, 지배와 복종의 심리는 안전, 우월감, 자유라는 세 가지 원초적 욕망이 하나의 뇌 속에서 충돌하는 과정이다. 이 충돌이 위대한 혁명을 만들기도 하고, 무의미한 파괴를 낳기도 한다. 중요한 것은 본능을 억누르는 것이 아니라, 작동 원리를 이해하고 필요한 순간에 선택적으로 사용하는 일이다.

당신은 지금 어떤 권위 앞에 무릎 꿇고 있는가. 그 권위는 당신을 지키는가, 아니면 억누르는가. 그리고 언젠가 그 권위를 무너뜨릴 때, 그 자리에 세울 질서를 준비하고 있는가. 복종할 땐 반드시 '언제 멈출지'의 조건을 마음속에 세워두고, 도전할 땐 새로운 구조의 설계도를 손에 쥐어야 한다. 그때 비로소 지배와 복종의 본능은 우리를 억압하는 족쇄가 아니라, 사회를 설계하는 도구가 될 수 있다.

불평등 구조를 깨뜨리려는 본능의 발현

인간의 뇌에는 두 개의 상충하는 신호가 동시에 존재한다. 하나는 질서를 유지하고 위계를 받아들이라는 신호, 다른 하나는 그 위계를 깨뜨리고 자신이 더 나은 자리에 오르라는 신호다. 이 두 신호의 충돌은 문명사 전체를 관통하는 드라마를 만든다. 우리가 '반역'이라 부르는 행위는 단순한 도덕적 선택이나 정치적 계산의 결과가 아니다. 그것은 수십만 년의 진화를 거치며 뇌 깊숙이 각인된 생존 전략이자, 유전자의 속삭임이다.

고대 인류의 무리 속에서 불평등 구조는 곧 생존 확률의 차이를 의미했다. 힘센 지도자가 사냥감을 독점하고, 우물과 불의 사용을 제한하면, 약자는 쉽게 굶주리고 병들었다. 이때 반역의 씨앗이 싹텄다. 단순히 불만을 품는 수준이 아니라, '이 구조를 바꾸지 않으면 내 유전자가 다음 세대로 이어질 수 없다'는 절박한 본능이 작동한 것이다. 진화심리학자들은 이를 '지위 재분배 본능'이라 부른다. 지위가 바뀌면 자원과 짝짓기 기회가 재분배되고, 그 결과 자신의 유전자가 퍼질 확률이 급격히 높아진다. 이 본능은 인간만의 특권이 아니다.

침팬지 무리를 관찰한 프란스 드 발(Frans de Waal)의 연구에 따르면, 알파 수컷이 지나치게 폭력적이거나 먹이를 독점하면, 서열이 낮은 수컷과 일부 암컷이 비밀리에 동맹을 맺어 그를 몰아낸다. 중요한 점은, 이 과정이 단순한 힘의 경쟁이 아니라 '연합'과 '전략'의 산물이라는 것이다. 반역은 고립된 영웅의 행위가 아니라, 약자들의 협력에서 싹튼다.

인류 역사에서 반역의 본능은 수없이 반복되었다.

영국의 마그나카르타(1215)는 귀족들이 왕의 절대권력을 제한하기 위해 집단적으로 반기를 든 사건이었다. 프랑스 대혁명(1789) 역시 극심한 불평등과 식량 위기 속에서 평민과 시민들이 연합해 왕권을 무너뜨렸다.

한국 역사에서도 동학농민운동은 불평등한 토지 구조와 부패한 관료제에 맞선 민중의 집단적 반역이었다. 흥미로운 것은, 이들 사건의 촉발점이 언제나 '생존을 위협하는 불평등'이었다는 점이다.

신경과학적으로 반역의 순간 뇌에서 일어나는 변화는 흥미롭다. 불평등한 상황에서 분노가 폭발할 때, 편도체와 전전두엽이 동시에 활성화된다. 편도체는 위협과 분노를 담당하고, 전전두엽은 계획과 판단을 담당한다. 다시 말해, 반역은 단순한 감정 폭발이 아니라 치밀한 계산을 수반하는 행동이다. 이것이 동물의 단순한 공격성과 인간의 정치적 혁명을 구분하는 핵심이다. 그러나 반역의 본능이 언제나 성공으로 이어지는 것은 아니다. 지나치게 성급한 반란은 집단을 분열시키고, 더 큰 혼란과 폭압을 불러올 수 있다.

로마 공화정 말기의 카틸리나 음모 사건은 권력 재분배를 노린 반역이었으나 준비 부족과 내부 배신으로 실패했고, 결과적으로 귀족 세력의 권위만 강화시켰다. 반역의 본능이 생존을 위한 것이라 해도 실행 방식에 따라서는 오히려 생존 확률을 낮출 수 있다.

현대 사회에서도 이 본능은 살아 있다. 직장에서 권력 남용을 일삼는 상사나, 불공정한 승진 구조에 맞서 내부고발을 하는 직원, 정치에서 부패한 체제를 바꾸려는 시민 운동가 모두 이 본능의 현대적 변형이다.

소셜 미디어는 이 본능에 강력한 증폭기를 달아 주었다. 불평등한 사건이 공개되면, 수백만 명이 디지털 동맹을 맺고 기득권을 압박한다. '밈'과 해시태그 시위는 고대의 횃불과 창을 대신하는 현대의 무기다.

진화생물학자 새라 브로슬로(Sarah Broslow)는 "반역은 유전자의 생존 전략이자, 문명의 진화 가속기"라고 말한다. 불평등을 깨뜨리려는 시도가 없었다면 인류는 여전히 소수만이 자원과 권력을 독점하는 원시 구조에 갇혀 있었을 것이다. 하지만 동시에, 이 본능이 무분별하게 발현되면 사회는 끝없는 혼란 속에 빠진다.

결국 반역의 유전학은 양날의 검이다.

우리는 불평등을 깨뜨려 더 공정한 구조를 만들고자 하지만, 그 과정에서 또 다른 불평등이 탄생한다. 혁명 뒤에 새로운 권력이 들어서고, 그 권력은 다시 반역의 표적이 된다. 이것이 역사가 순환하는 이유다.

개인의 차원에서 이 본능을 이해하는 것은 중요하다. 직장에서, 공동체에서 혹은 국가에서 불평등을 마주했을 때, 감정만으로 움직일지, 전략적으로 움직일지를 결정하는 순간이 온다. 반역은 유전자에 새겨진 본능일 수 있지만, 그 실행은 오로지 우리의 선택과 지혜에 달려 있다. 결국 살아남는 것은 반역을 잘하는 자가 아니라, 반역을 '의미 있게' 하는 자다.

chapter 3

파괴와 소유의 심리

갖지 못하면 부수고 싶은 충동

당신은 원하던 것을 끝내 손에 넣지 못했을 때 단순히 아쉬움만 느낀 적이 있는가? 아니면, 그 대상이 사라져 버리기를 바란 적이 있는가?이는 오랫동안 바라본 자리가 다른 사람에게 돌아갔을 때 축하의 말 뒤로 스며드는 묘한 바람 그가 그 자리를 오래 버티지 못하길. 이 감정은 부끄러운 듯 보이지만, 인류의 뇌 속 깊은 곳에 각인된 오래된 본능이다.

심리학자 대니얼 카너먼의 '손실 회피(Loss Aversion)' 이론은 이를 잘 설명한다. 인간은 같은 크기의 이익보다 같은 크기의 손실에서 두 배 이상의 고통을 느낀다. 이 고통을 회피하거나 상쇄하기 위해, 우리는 때로는 그 대상을 없애는 극단적인 선택을 한다. 고대 수렵채집 사회에서 '갖지 못한 것'은 곧 '다른 누군가가 가졌다'는 뜻이었다. 내가 사냥하지 못한 사슴은 경쟁자가 가족을 먹여 살린다. 이런 상황에서, 경쟁자의 이득을 차단하는 것은 생존 전략이었다. "내 것이 아니면 누구 것도 아니다"라는 원리는 불타는 마을에서 식량을 던져버리는 결정을 합리화했다.

역사 속 사례는 이 본능을 증명한다.

- 고대 스키타이: 적이 곡창 지대를 점령할 가능성에 대비해 추수 직전 곡식을 불태우는 초토화 전략.
- 1812년 러시아: 나폴레옹의 침공에 맞서 모스크바를 스스로 불태우고 후퇴. 도시를 잃는 손실보다 그것이 적의 손에 들어가는 손실이 더 견디기 힘들었기 때문이다.
- 기업 경쟁: 한 글로벌 IT기업이 경쟁사 핵심 부품 공급망을 차단하기 위해, 자사 생산 라인을 일시 중단시키는 '동반 손실' 전략을 택한 사례.
- 현대에도 이 충동은 개인과 집단에 살아 있다.
- 직장에서 승진 기회를 잃은 사람이, 승진한 동료의 성과를 돕기보다 방해하는 문화.
- 연인이 떠났을 때, 그 사람이 행복하기보다 실패하길 바라는 마음.
- 소비자들이 자신이 살 수 없는 한정판 제품에 대해 악평을 퍼뜨리는 현상.

뇌 과학적으로 이 충동은 편도체와 전전두엽의 미묘한 줄다리기에서 발생한다. 편도체는 손실과 위협에 민감하게 반응해 "제거하라"는 경보를 울린다. 전전두엽은 이를 억제하며 "참아라"라고 말한다. 그러나 손실이 클수록 전전두엽의 억제 기능은 무너지고, 편도체가 주도권을 잡는다. 이때 도파민 시스템이 발동해, 타인의 손실을 목격할 때 쾌감을 주는 '샤덴프로이데(Schadenfreude)'가 강화된다. 경쟁자의 손실이 곧 나의 심리적 이익이 되는 셈이다.

이 심리는 조직과 사회에 장기적으로 치명적이다. 기업에서 이런 심리가 퍼지면 '발목 잡기' 문화가 만연한다. 경쟁 부서의 실패를 방관하거나 은근히 돕는 대신, 회사 전체성과가 하락해도 '그들이 잘 되는 것'보다 낫다고 느끼는 심리. 국제 정치에서도, 경쟁국의 발전을 막기 위해 경제 제재를 남발하다가 자국 경제까지 악화되는 경우가 많다. 이를 제어하려면 관점을 '소유'에서 '의미'로 바꿔야 한다.

- 정체성 분리 훈련: 성취를 자기 가치의 전부로 삼지 않는 훈련. 예를 들어, 프로젝트 성공을 '내 능력'뿐 아니라 '팀의 경험치'로 인식하면 손실의 고통이 줄어든다.
- 확장된 자기(Self-Expansion) 전략: 경쟁자를 단순한 적이 아닌, 협력 가능 자원으로 보는 시각.
- 손실 리프레임 기술: 잃은 것을 '공유 자산' 혹은 '다른 기회의 발판'으로 재정의하는 언어 습관.

그러나 솔직히, 이 본능을 없애기는 불가능하다. 우리는 여전히 원시 뇌를 가진 채 살아가고, 손실 회피는 DNA에 깊게 각인된 생존 장치다. 문명은 바로 이 원시적 충동을 '의식'과 '제도'로 다스리는 과정이다.

진정한 성숙은 가진 것을 지키는 것보다, 잃었을 때 부수지 않는 법을 배우는 데 있다. 그 순간, 우리는 생존의 본능을 넘어, 문명의 주인으로 선다.

내 것이 아니면 가치가 없다고 느끼는 태도

인간은 놀라울 정도로 편파적인 존재다. 똑같은 물건이라도 내가 가지고 있는 것과 남이 가지고 있는 것은 다르게 평가한다. 나의 것은 더 소중하고, 남의 것은 그만한 가치가 없다고 여긴다.

심리학자들은 이를 '소유 편향(Endowment Effect)'이라 부른다. 같은 사물을 객관적으로 평가하지 못하고, '내 소유'라는 이유만으로 그 가치를 더 높게 매기는 현상이다. 이 편향은 단순한 심리적 착각이 아니라, 인류가 생존 경쟁 속에서 터득한 진화적 생존 장치다.

고대 인류의 삶은 한정된 자원 속에서 이루어졌다. 내가 가진 돌도끼, 불씨, 사냥한 고기는 곧 생존과 직결되었다. 내 것이 빼앗기면 생존 가능성이 줄어들고, 경쟁자의 것이 많아지면 상대적으로 불리해진다. 이런 환경에서 '내 것이 곧 더 중요하다'는 인식은 생존 본능의 일부로 자리 잡았다. 단순한 애착이 아니라, 소유를 지키기 위한 정신적 무장이었던 셈이다.

이 본능은 현대 사회에서도 여전히 작동한다. 똑같은 차라도 내가 산 차는 '세상에서 가장 합리적인 선택'이 되고, 남이 산 차는 '그저 그런 브랜드'가 된다. 부동산 시장에서도 내가 보유한 아파트는 시세보다 더 높은 가치가 있다고 믿지만, 남의 아파트는 '거품이 꼈다'고 평가 절하한다.

주식 투자자 역시 자신이 보유한 종목에는 낙관적인 뉴스를 더 중요하게 받아들이고, 부정적인 정보는 무시하려 한다. 이 모든 것은 소유 편향이 빚어낸 인지적 착시다.

심리학 실험에서도 소유 편향은 강력하게 드러난다. 행동경제학자 리처드 세일러는 두 그룹에 똑같은 머그컵을 나눠주고, 한쪽은 "이것을 팔고 싶은 가격"을, 다른 한쪽은 "이것을 사고 싶은 가격"을 적게 했다. 결과는 놀라웠다. 머그컵을 가진 사람들은 평균적으로 세 배 이상 높은 가격을 요구했다. '내 것'이 되는 순간, 그 가치는 객관적인 시장가가 아니라 심리적 프리미엄이 붙는다.

더 흥미로운 것은 이 편향이 물질에만 한정되지 않는다는 점이다. 관계, 신념, 문화에도 동일하게 적용된다. 내가 속한 집단의 전통은 존중받아야 하고, 다른 집단의 관습은 하찮아 보인다. 나의 종교는 진리이고, 다른 종교는 미신처럼 여겨진다. 정치적 성향도 마찬가지다.

내가 지지하는 정책은 훌륭한 전략이지만, 반대 진영이 같은 전략을 쓰면 위선으로 느껴진다. 결국 소유 편향은 '내 것 = 옳다, 남의 것 = 틀리다'라는 이분법적 사고를 강화하며, 갈등의 씨앗이 된다.

뇌 과학적으로 보면, 소유 편향은 보상 중추와 밀접하게 연결되어 있다. 어떤 대상을 '내 것'이라고 인식하는 순간, 뇌의 복측선조체(Ventral Striatum)에서 도파민 분비가 증가한다. 이는 실제 금전적 보상을 받을 때와 유사한 반응이다. 즉, '내 것'은 심리적으로 이미 보상 효과를 주기 때문에, 이를 잃는 것은 곧 '보상을 빼앗기는' 고통으로 해석된다. 그래서 우리는 내 것을 과대평가하고, 남의 것을 평가절하 하는 것이다.

이 편향이 개인과 사회에 주는 영향은 양날의 검과 같다. 한편으로는 나의 것을 지키고 발전시키는 동기가 된다. 내가 가진 것을 가치 있게 여기면 그것을 보호하려는 행동이 강화되고, 자원의 보존과 관리가 이루어진다. 그러나 다른 한편으로는 혁신과 협력을 가로막는다. '내 아이디어'만이 옳다고 믿는 사람은 타인의 아이디어를 받아들이지 못하고, '내 방식'만 고집하는 집단은 변화에 둔감해진다. 기업이 기존 제품의 가치를 과신하다가 시장 변화를 놓치는 것도 같은 이유다.

코닥이 디지털 카메라의 등장을 무시한 것은 '필름 시장의 가치'라는 자기 소유 개념에 사로잡혔기 때문이다.

소유 편향에서 벗어나는 첫걸음은 '내 것'과 '그것의 실제 가치'를 분리하는 훈련이다. 심리학에서는 이를 '인지적 거리 두기(Cognitive Distancing)'라고 부른다. 예를 들어, 내 집을 평가할 때 '이 집이 친구 집이라면 얼마를 줄까?'라고 스스로에게 묻는 것이다. 또 다른 방법은 '역지사지'다. 내가 가진 것을 남이 가지고 있다고 상상하고, 그 가치를 객관적으로 평가하려 노력하는 것이다.

결국, 소유 편향은 인간 본성의 일부다. 이를 부정하는 대신, 의식적으로 인식하고 다루는 것이 필요하다. 내가 가진 것에 애착을 가지되, 그것이 절대적인 가치의 기준이 되지 않도록 경계하는 것. 그래야만 우리는 진짜 가치 있는 것을 알아보고, 더 넓은 시야로 세상을 바라볼 수 있다. '내 것'이라는 이유만으로 높아진 장벽을 허물 때, 비로소 우리는 소유가 아닌 본질을 평가하는 눈을 가질 수 있다.

파괴가 주는 쾌감의 원시적 기원

인간은 본능적으로 파괴를 피해야 할 존재라고 생각하기 쉽다. 그러나 솔직히 인정하자. 우리는 종종 부수는 순간에 묘한 해방감과 만족감을 느낀다. 포커 칩을 '딱' 부러뜨릴 때, 종이컵을 '쭉' 구길 때, 오래된 가구를 쓰레기장에 던질 때, 그 순간의 소리와 손끝의 진동은 이상하게 짜릿하다. 이 감정은 단순한 기분 전환이 아니라, 인류가 진화 과정에서 체득한 심리적·생물학적 보상 시스템의 일부다.

고대 인류에게 파괴는 생존의 한 방식이었다. 사냥꾼이 짐승을 쓰러뜨리고 뼈를 부수어 골수를 꺼내 먹는 행위는, 단순한 식사 준비가 아니라 자신의 힘을 확인하고 생존 경쟁에서 우위를 차지했음을 증명하는 의식이었다. 파괴는 '위험을 통제할 수 있는 능력'의 상징이었다. 나보다 크고 강한 존재를 쓰러뜨렸다는 경험은 무리 안에서의 지위를 높였고, 이는 곧 번식 기회를 늘려주는 진화적 보상으로 이어졌다.

이러한 본능은 현대에 와서도 형태만 바꿔 살아남았다. 스포츠 경기에서 상대를 압도하는 순간, 온라인 게임에서 적을 완전히 제압할 때, 심지어 골프공을 강하게 날리는 동작에서조차 우리는 '힘을 발휘해 무언가를 제압했다'는 감각을 맛본다. 그리고 그 순간 뇌에서는 도파민과 엔도르핀이 분출된다.

도파민은 성취감을, 엔도르핀은 고통 완화와 함께 쾌락을 준다. 이 '파괴의 쾌감'은 인간 뇌가 수만 년 동안 보상 체계로 학습해온 결과다.

흥미로운 것은, 파괴가 단지 힘을 과시하는 수단이 아니라 스트레스

해소의 도구로도 기능한다는 점이다.

일본에서는 '부수기 방(Crash Room)'이라는 서비스가 인기다. 사람들이 방 안에 들어가 접시, 가전제품, 가구를 마음껏 부순다. 심리학적으로 이것은 억눌린 감정과 긴장을 해소하는 카타르시스(catharsis) 효과를 준다. 일상에서 직면한 통제 불가능한 문제를, 눈앞의 물체를 파괴하는 행동으로 대체함으로써 '내가 무언가를 주도하고 있다'는 착각을 제공하는 것이다.

진화심리학에서는 이를 '대리 통제(Proxy Control)'라 부른다. 고대 환경에서 위협 요인을 물리적으로 제거하는 것은 생존에 직접적인 이득이 있었지만, 현대에는 그럴 일이 드물다. 대신 인간은 상징적 대상을 파괴함으로써 같은 심리적 만족을 얻는다. 이는 고대의 전리품 문화와도 연결된다.

사냥꾼이 사냥감의 머리를 잘라 걸어두는 행위, 전쟁 승리 후 성문을 부수는 의식, 로마 군단이 적의 깃발을 불태우던 장면—all '파괴를 통한 힘의 확인'이라는 뿌리를 공유한다. 그러나 이 본능은 양날의 검이다.

파괴의 쾌감은 중독성을 가질 수 있다. 파괴가 목적이 되면, 그 힘은 생산이 아니라 소모로 이어진다. 역사 속에서 권력을 쥔 독재자들이 경쟁 세력을 '숙청'하며 느낀 만족감은 결국 사회 전체를 붕괴시켰다. 기업에서도 경쟁사를 무너뜨리는 데 집착하다 본업의 혁신을 놓친 사례가 많다. 파괴는 불처럼 유용하지만, 방향을 잃으면 집을 태우는 화재가 된다.

뇌 과학은 이 위험을 설명한다. 파괴 행위로 인한 도파민 보상은 즉각적이고 강렬하다. 그러나 반복되면 '내성'이 생겨, 더 큰 자극을 원하게 된다. 작은 파괴로는 만족하지 못하고, 점점 더 큰 규모와 강도의 파괴를 추구한다. 이는 폭력 중독, 파괴적 사업 전략, 관계 파괴로까지 이어질 수 있다. 본래는 생존과 질서를 유지하는 도구였던 파괴 본능이, 개인과 집단 모두를 해치는 방향으로 작동하게 되는 것이다.

그렇다면 파괴 본능을 어떻게 다뤄야 할까?

첫째, 파괴의 쾌감을 '창조의 쾌감'으로 전환하는 훈련이 필요하다. 낡은 물건을 단순히 버리는 대신 재활용하거나, 분해 후 재조립해 새로운 용도를 만드는 것이다.

둘째, 상징적 파괴를 안전하게 경험하는 방법을 찾는 것이다. 격렬한 운동, 북 두드리기, 점토 부수기 같은 활동은 현실 피해 없이도 고대의 카타르시스를 제공한다.

셋째, 파괴를 '마침표'로만 보지 않고 '새로운 문장의 시작'으로 인식하는 것이다. 고대 부족은 사냥 후 불필요한 뼈를 태워 질병을 예방했고, 농경 사회에서는 잡초를 제거해야 작물이 자랐다. 파괴는 언제나 창조와 연결되어 있었다.

결국, 파괴의 쾌감은 인간 본성의 깊은 심연에 뿌리내린 본능이다. 그것은 힘을 확인하고, 스트레스를 해소하며, 때로는 새로운 시작을 가능하게 만든다. 그러나 이 힘이 통제되지 않으면 파괴는 곧 자기 파멸로 향한다. 불은 음식을 익힐 수도, 집을 태울 수도 있다. 파괴 본능도 마찬가지다. 어디에 불을 붙일지는 오직 우리의 선택이다.

창조 속의 파괴 본능

인류의 진보는 종종 '무엇을 세웠는가'로 기록되지만, 그 출발점은 '무엇을 허물었는가'에 있다. 새로운 지식, 구조, 문화를 세우려면 기존의 틀을 깨뜨리는 일이 필연적이다. 농경 사회의 탄생은 수렵·채집의 생활 방식을 사실상 폐기했고, 근대 과학혁명은 중세의 종교 중심 세계관을 무너뜨렸다. 이러한 '창조 속의 파괴'는 우발적인 사고가 아니라, 인간의 적응 전략 속에 깊이 뿌리내린 본능이다.

고고학적 연구에 따르면, 초기 인류 집단은 주기적으로 거주지를 해체하고 새로운 장소를 개척했다. 도구 제작법도 마찬가지였다. 석기를 만드는 과정에서 기존의 도구를 일부러 깨뜨리고, 더 효율적인 형태를 찾았다. 이는 단순한 개선이 아니라 '낡은 것을 폐기하고 새것을 설계하는' 순환 구조였다.

오늘날 기업의 연구개발(R&D)부서에서 구형 제품을 단종시키고 차세대 모델을 출시하는 방식은 이 원시적 패턴의 현대적 버전이라 할 수 있다.

역사 속의 거대한 패러다임 전환도 모두 기존 체제의 붕괴를 수반했다.

코페르니쿠스의 지동설은 단지 천문학의 혁신이 아니라, 유럽 사회의 권위 구조를 뒤흔드는 사건이었다. 산업혁명은 장인 길드와 수공업의 체계를 무너뜨렸고, 인터넷의 등장은 대형 인쇄·유통 구조를 해체했다.

중요한 점은, 이 과정에서 파괴와 창조가 별개의 단계가 아니라 하나의 동작처럼 맞물려 있다는 사실이다.

진화심리학적으로 보면, 창조적 파괴는 '환경 적응력'을 높이기 위한 도구였다. 급격한 기후 변화나 자원 고갈 상황에서, 기존 생존 방식에 집착한 집단은 도태되었다. 반면, 과거의 방식을 과감히 버리고 새로운 전략을 도입한 집단은 살아남았다. 이러한 선택 압력이 누적되면서, 인간 뇌는 '기존 질서를 무너뜨리는 것'을 위험이 아니라 기회로 인식하는 회로를 일부 형성했다.

신경과학적 관점에서는, 창조적 파괴는 전측대상피질(Anterior Cingulate Cortex)과 측두두정접합부(Temporo-Parietal Junction)의 협업과 관련이 있다. 전측대상피질은 기존 규칙과 새로운 가능성 사이의 갈등을 탐지하고, 측두두정접합부는 '관점 전환'을 가능하게 한다. 이 두 영역이 활성화되면, 뇌는 기존 방식을 고집하기보다 새로운 구조를 모색하는 쪽으로 기운다. 즉, 창조 속의 파괴는 단순한 의지가 아니라, 갈등을 탐지하고 전환을 실행하는 '신경학적 메커니즘'의 산물이다.

그러나 모든 파괴가 창조로 이어지는 것은 아니다. 방향성을 상실한 파괴는 사회적·문화적 공백만 남긴다.

20세기 일부 국가의 급격한 체제 전환은 기존 권력을 무너뜨렸지만, 안정된 대안 구조를 세우지 못해 장기적 혼란에 빠졌다. 반대로, 일본의 메이지 유신은 봉건제를 철폐하는 동시에 산업화와 교육 개혁을 병행하여 파괴를 곧바로 창조로 연결했다.

오늘날 우리는 인공지능, 양자컴퓨팅, 합성생물학 등 기존 질서를 송두리째 바꿀 잠재력을 지닌 기술 앞에 서 있다. 이 변화의 물결 속에서,

중요한 것은 '무엇을 없앨 것인가'보다 '무엇을 세울 것인가'다. 파괴의 순간에 다음 구조를 설계하지 않는다면, 빈자리는 무질서가 차지한다.

결국 창조 속의 파괴 본능은 인간이 진화 과정에서 길러온 '환경 재설계 능력'이다. 그것은 과거를 부정하는 힘이 아니라, 미래를 설계하는 힘이다. 진정한 창조적 파괴는 허무를 남기지 않는다. 대신, 허물어진 자리 위에 더 정교하고 확장된 구조를 세운다. 인간의 손에 쥐어진 이 본능이 어디로 향하느냐에 따라, 우리는 황폐한 폐허 속에 서 있을 수도 있고, 새로운 문명의 문턱에 서 있을 수도 있다.

PART 4

끝과 그 이후

chapter 1

욕망의 끝

채움이 부르는 허무

인간은 결핍 속에서 움직인다. 배고픔은 먹을 것을 찾게 하고, 추위는 불을 피우게 한다. 이 단순한 생존의 원리는 현대 사회에서도 변함없이 작동한다. 우리는 무언가 부족할 때, 그 결핍을 채우기 위해 가장 강력하게 살아있음을 느낀다. 부족함은 방향을 만들고, 목표는 동력이 된다. 그러나 아이러니하게도, 오랫동안 갈망하던 것을 손에 넣는 순간, 기대했던 환희 대신 의외의 허무가 찾아온다. 마치 달리기를 끝내고 결승선을 넘자마자 들이마시는 공기에서 포만감이 아닌 공허를 맛보는 것처럼.

이 현상은 심리학에서 '쾌락의 쳇바퀴(Hedonic Treadmill)'라는 개념으로 설명된다. 복권에 당첨된 사람이나 큰 상을 받은 예술가, 혹은 승진한 직장인도 일정 시간이 지나면 다시 이전과 비슷한 행복 수준으로 돌아간다. 뇌는 변화에 빠르게 적응하도록 진화했기 때문이다. 수렵채집 시대의 인간이 한 번의 성취로 영원히 만족해버렸다면, 더 이상 사냥이나 채집을 하지 않아 생존에서 도태됐을 것이다. 진화는 우리 뇌를 끊임없이 다음 목표로 내모는 방향으로 설계했다.

고대 철학자들도 이 아이러니를 오래전부터 관찰했다.

에픽테토스는 "욕망이 사라진 자는 신이거나 죽은 자"라고 했고, 불교는 이를 '갈애(渴愛)'라 불렀다. 욕망은 목마름과 같아, 마시는 순간 사라지는 것이 아니라 더 큰 갈증으로 이어진다. 쇼펜하우어는 한층 냉정했다. "인생은 결핍과 지루함 사이를 진동하는 시계추다." 결핍은 우리를 움직이고, 충족은 지루함을 불러온다.

이 허무의 배경을 뇌 과학적으로 보면, 목표를 향해 달려갈 때 뇌의 도파민 시스템이 가장 활발히 작동한다. 도파민은 '성취 그 자체'보다 '성취를 향한 기대'에서 더 많이 분비된다. 그러나 목표를 달성하는 순간 도파민 분비는 급격히 줄고, 대신 안정감을 주는 세로토닌, 옥시토신이 분비된다. 안정은 평온하지만, 동시에 자극을 감소시켜 허무감을 만든다. 결국 우리가 무의식적으로 또 다른 목표를 세우는 이유는, 안정보다 자극을 추구하는 본능이 더 강하기 때문이다.

역사 속 인물들도 이 공허에서 자유롭지 않았다. 알렉산더 대왕은 전세계를 정복한 후 "더 정복할 땅이 없다"며 눈물을 흘렸다. 세계 최강의 권력을 쥔 황제가 느낀 것은 승리의 환희가 아니라 다음 목표가 사라진 데서 오는 상실이었다.

아멜리아 에어하트는 대서양을 횡단한 뒤, 기록을 갱신했음에도 곧 새로운 도전에 몸을 던졌다. 스티브 잡스 역시 아이폰 출시라는 혁신의 순간에도 멈추지 않았다. 그의 시선은 이미 다음 세대 제품과 새로운 시장으로 향해 있었다.

문제는 이 허무가 종종 자기 파괴적 방향으로 흐른다는 점이다. 세계적인 운동선수가 금메달을 딴 뒤 방황하거나, 정상에 오른 정치인이 불법과 스캔들에 연루되는 사례가 그렇다. 성취의 순간에 삶의 축이 사라지면, 사람들은 종종 알코올, 도박, 관계 중독 등 자극적인 방법으로 공허를 메우려 한다. 특히 "내가 할 수 있는 모든 걸 했다"는 인식이 들 때 새로운 의미를 찾지 못하면 삶은 급격히 무너질 수 있다.

그렇다면 우리는 이 '성취 후 허무'를 어떻게 다뤄야 할까? 완벽한 회피는 불가능하다. 하지만 대처 전략은 있다.

- 목표를 도착점이 아닌 여정의 일부로 인식하기단일 성취에 모든 의미를 걸면, 달성 순간이 끝이 된다. 그러나 그것을 더 큰 여정 속 한 단계로 본다면, 다음 단계로의 전환이 자연스럽다. 예를 들어 마라톤을 완주한 후, 곧바로 다른 거리를 준비하거나 봉사 활동과 같은 새로운 활동을 시작하는 것이다.
- 외적 목표와 내적 목표의 병행직위, 재산처럼 외부에서 인정받는 목표는 달성 순간 휘발되기 쉽다. 반면 자기 성장, 기술 습득, 관계

의 질 향상처럼 내적 동기는 성취 후에도 지속된다. 내적 목표는 장기적으로 삶의 균형을 잡아준다.

- 나눔과 연결로 방향 전환자신의 성취를 공동체나 다른 사람의 성장에 기여하는 데 쓰면, 성취 후에도 삶의 의미가 이어진다. 은퇴한 선수가 후배를 코치하거나, 성공한 기업가가 청년 창업을 지원하는 경우가 여기에 해당한다.

프랑스 철학자 파스칼은 "인간은 자신이 없는 것을 갈망하며, 가진 것은 곧 잊는다"고 했다. 이 문장은 인간이 허무에서 벗어날 수 없는 이유를 정확히 짚는다. 하지만 동시에, 우리는 이 본성을 이해함으로써 더 현명하게 욕망을 설계할 수 있다. 목표를 단순한 '획득의 끝'이 아닌, 지속적인 성장과 연결의 출발점으로 본다면, 허무는 사라지지 않더라도 방향성을 잃지 않는다.

결국 목표 달성 후의 허무는 패배가 아니다. 그것은 다음 여정을 알리는 신호다. 인생에서 성취는 종착지가 아니라 순환의 한 부분이다. 중요한 것은 '허무를 어떻게 맞이하느냐'다. 허무를 두려워하지 말고, 그것을 새로운 불씨로 삼을 수 있다면, 우리는 끝없는 무대 위에서 다시 주인공이 될 수 있다. 허무는 결말이 아니라, 또 다른 서막이다.

더러움마저 사라지지 않는 이유

우리는 잘못된 욕망이나 부끄러운 선택을 했을 때 시간이 지나면 자연스럽게 잊히고 깨끗해질 거라 기대한다. 그러나 이상하게도, 어떤 욕망은 사라지기는커녕 그 잔향이 오래도록 남아 마음 한구석을 휘감는다. 잠시 충동적으로 한 선택이 몇 년 뒤에도 불현듯 떠오르고, 부끄럽거나 치욕스러운 기억이 상황과 무관하게 되살아나는 경험을 누구나 해본다. 마치 이미 씻어낸 얼룩이 다시 번져 나오는 것 같다.

이 현상의 첫 번째 이유는 뇌의 보상회로(Reward Circuit)에 있다. 인간의 뇌는 도파민을 통해 '다시 하고 싶은 행동'을 학습한다. 특히 강한 쾌감이나 강렬한 감정과 연결된 경험은 편도체와 해마에 깊게 각인된다. 그래서 우리가 한때 강하게 원했던 것, 또는 금기를 깨면서 느꼈던 강렬한 자극은 단순히 '기억'이 아니라, 뇌 속에 물리적 흔적으로 남는다. 이 흔적은 시간이 지나도 완전히 지워지지 않고, 비슷한 자극을 받을 때마다 재활성화된다.

진화 심리학적으로 보면, 이는 생존에 유리한 특성이었다. 원시 인류에게 쾌락을 준 행동(맛있는 음식을 먹거나, 짝짓기에 성공하는 것 등)을 강하게 기억하는 뇌는 생존과 번식 확률을 높였다.

문제는 현대 사회에서는 이 구조가 더 이상 순수한 생존 도구로만 작동하지 않는다는 것이다. 권력욕, 탐욕, 불륜, 중독 등 문명 속에서 태어난 '위험한 쾌락'도 똑같이 뇌에 각인된다. 그 결과, 사라져야 할 욕망조차 오래도록 되살아난다.

심리학에서는 이를 '정서적 잔향(Emotional Afterimage)'이라 부른다. 밝은 빛을 오래 바라본 뒤 눈을 감아도 잔상이 남듯, 뇌는 특정 욕망과 연결된 감정과 이미지를 오랫동안 간직한다. 흥미로운 점은 그 기억이 원본 그대로 보존되지 않는다는 사실이다. 시간이 흐르면 거슬렸던 부분은 옅어지고, 즐거웠던 부분만 더욱 선명하게 남아 마음속에 각인된다. 이는 '회상 편향(rosy retrospection)'의 일종으로, 과거의 욕망을 더 매혹적으로 보이게 만들어 재발을 부른다.

역사 속 인물들도 이 '욕망의 잔향'에서 벗어나지 못했다.

로마의 네로 황제는 한때 음악과 연극에 심취해 제국의 정치마저 외면했다. 반발과 비난 속에서 그는 이 취향을 버렸다고 선언했지만, 기록에 따르면 그는 말년까지도 몰래 음악 공연을 열었다. 권력을 쥐고도 예술적 쾌락의 흔적을 떨치지 못한 것이다.

현대에 와서는 거대 기업의 CEO들이 퇴임 후에도 권력의 여운을 잊지 못해, 자문위원이나 언론 기고 등으로 영향력을 유지하려 하는 모습에서 비슷한 패턴을 본다.

이 잔향을 강화하는 다른 요인은 '인지 부조화(Cognitive Dissonance)'다. 부끄러운 욕망을 실행에 옮긴 뒤, 우리는 스스로를 합리화한다. "그럴 만한 이유가 있었다"거나 "다들 그렇게 한다"는 식의 자기 변명은 죄책감을 줄이는 대신, 해당 욕망의 정당성을 은연중에 강화한다. 이렇게 정당화된 욕망은 쉽게 뿌리 뽑히지 않는다. 심리적 '씻김' 대신, 오히려 뇌 속에서 정식 거주권을 얻는 셈이다.

더러움이 완전히 사라지지 않는 이유는 또 있다. 그것은 인간의 뇌가

'삭제'보다 '덮어쓰기'에 더 능숙하기 때문이다.

신경과학 연구에 따르면, 기억을 지운다는 것은 물리적으로 거의 불가능에 가깝다. 대신 새로운 경험과 의미를 덧씌워 기존 기억을 약화시키는 방식이 주로 작동한다. 그러나 원본이 완전히 사라지는 건 아니므로, 특정 상황이나 자극에서 다시 그 욕망이 떠오른다. 그래서 우리는 "나 이제 다 잊었어"라고 생각하다가도, 비슷한 냄새나 장소, 인물 하나만으로 욕망의 불씨가 되살아나는 경험을 한다.

문제는 이런 잔향이 때때로 삶을 방해한다는 것이다. 중독에서 벗어난 사람들이 재발하는 가장 큰 원인 중 하나가 바로 과거 쾌락의 잔향이다. 알코올 중독자가 금주 수년째에도 술집의 불빛과 음악을 보면 심장이 빨라지고, 도박 중독자가 카지노 광고 하나에 손이 근질거리는 현상은 모두 같은 뿌리를 가진다.

그렇다면 이 욕망의 잔향을 어떻게 다룰 수 있을까?

첫째, '완전한 삭제'라는 환상을 버려야 한다. 대신, 욕망을 다른 가치나 목표로 치환하는 전략이 필요하다. 이는 권력욕이 강한 사람은 이를 사회적 영향력이나 봉사로 전환할 수 있다.

둘째, 반복 노출을 줄이고, 기억을 불러오는 촉발 요인을 차단해야 한다.

셋째, 욕망을 숨기지 않고 인정하는 것이 중요하다. 심리학자 브레네 브라운은 "인간은 부끄러움을 인정할 때 비로소 그것에서 자유로워진다"고 했다.

결국 더러움이 사라지지 않는 이유는, 그것이 단순한 도덕적 얼룩이 아니라 뇌 깊숙이 각인된 '생존의 흔적'이기 때문이다. 우리는 이 구조를 부정할 수 없지만, 그 위에 무엇을 덧씌울지는 선택할 수 있다. 잔향은 지울 수 없어도, 그것이 우리를 끌고 가는 방향은 바꿀 수 있다.

욕망의 잔향은 과거의 그림자지만, 그 그림자를 어디에 드리울지는 우리의 몫이다.

포만의 역설

포만의 역설은 인간 심리의 기묘한 이중성을 드러낸다. 우리는 평생 무언가를 채우기 위해 달린다. 배고프면 음식을 찾고, 가난하면 돈을 벌고, 사랑이 그리우면 사람을 찾는다. 그런데 막상 그 결핍이 해소되는 순간, 그동안 우리를 움직이게 했던 불타는 동력은 서서히 꺼진다. 만족이 우리를 행복하게 할 것이라는 기대는 현실에서 자주 깨진다. 오히려 채워진 순간부터 허무가 스며들고, 다음 목표를 찾아 헤매야 하는 공허가 몰려온다.

경제학과 심리학에서 오래전부터 지적한 '쾌락의 쳇바퀴(Hedonic Treadmill)' 현상은 이 역설을 잘 설명한다.

사람은 새로운 집, 승진, 사랑, 부를 얻으면 확실히 기분이 좋아진다. 그러나 그 기쁨은 오래가지 않는다. 뇌는 빠르게 '새로운 기준선'을 만들고, 그 상태를 당연한 일상으로 인식한다. 그 결과, 어제의 성취는 오늘의 평범함이 되고, 내일은 더 큰 자극과 성취를 요구로 불행의 늪으로 향한다.

역사 속 제국과 왕조도 이 메커니즘에서 벗어나지 못했다. 부강해진 왕국이 힘을 얻으면 그 부를 지키기보다 끝없는 확장을 꿈꾸곤 한다. 그러나 과도한 욕망은 내부를 약하게 만들고 결국 몰락으로 이어진다. 마야 문명이 그러했고, 스페인 제국 또한 그러했다.

개인의 삶에서도 이 패턴은 반복된다. 혹독한 환경에서 성공한 기업가가 부를 이룬 뒤, 갑자기 사업 의욕을 잃고 방황하는 경우는 셀 수 없이 많다. 한때 그를 잠 못 이루게 하던 야망은 더 이상 필요하지 않게 되었고, 그 빈자리를 채운 건 목표 없는 권태뿐이었다.

심리학자 에드 디너(Ed Diener)는 만족이 꼭 행복과 동일하지 않다고 지적한다. 오히려 어느 정도의 '건강한 결핍'이 인간을 더 오래, 더 열정적으로 움직이게 한다는 것이다. 절대적 풍요는 종종 우리를 게으르게 만들고, 더 이상 도전할 필요가 없다는 착각을 심어준다. 그 순간부터 몰락의 그림자가 드리워진다. 인간의 뇌 구조도 이 역설을 지지한다.

보상 시스템을 담당하는 도파민은 성취 '이후'보다 성취 '과정'에서 더 많이 분비된다. 무언가를 추구하는 동안에는 뇌가 끊임없이 보상 신호를 보내지만, 막상 목표를 이루면 도파민 분비는 급격히 줄어든다. 그 결과, 동기와 에너지가 빠르게 사라진다. 이것이 바로 포만의 역설이다. 만족은 행복을 주는 듯 보이지만, 실상은 우리를 나태하게 만들고, 심지어 불행하게까지 만든다. 철학자 니체는 이를 일찍이 간파했다. 그는 "만족은 죽은 바다와 같다. 파도가 일지 않고, 생명도 움직이지 않는다"고 했다.

현대 사회에서 이 역설은 더욱 뚜렷하다. 우리는 끊임없이 목표를 정하고 달성해야 한다는 압박 속에 산다. 그러나 목표를 하나씩 이루어갈수록 오히려 삶의 의미가 퇴색한다고 느낀다.

세계적인 스포츠 대회에서 우승을 거머쥔 선수가 그 후 오히려 허무감에 빠지는 것도 비슷한 맥락이다. 이런 공허를 피하기 위해선 목표를 단순히 '채우는 것'에 두지 말고, 끊임없이 '새롭게 설정'하는 것이 필요하다.

일본 경영학자 마쓰시타 고노스케는 "목표를 이루면 곧바로 다음 목표를 세워라. 그렇지 않으면 쇠퇴가 시작된다"고 했다. 다만 주의할 점이 있다. 무작정 큰 목표만을 연속적으로 세우는 것은 지속 불가능하다. 중요한 것은 성취의 크기보다 '의미의 갱신'이다.

인류학적으로도 우리는 불확실성과 도전이 있는 환경에서 가장 잘 적응하고, 가장 높은 창의성을 발휘해왔다. 사냥과 채집 사회에서 인간은 늘 새로운 먹잇감, 새로운 거처, 새로운 계절의 변화를 준비해야 했다. 그 긴장감과 불확실성이 뇌를 예민하게 만들었고, 사회적 협력과 기술 발전을 이끌었다. 그러나 현대 문명은 이런 생존 자극을 상당 부분 제거했다.

자동화된 생활, 보장된 공급망, 안전한 환경은 우리를 편안하게 만들지만, 동시에 진화적으로 설계된 '끊임없는 도전 욕구'를 무디게 한다. 포만의 역설은 단순히 심리적 허무함을 넘어서, 인간이 발전을 멈추는 지점을 경고한다. 개인이든 조직이든, 만족이 오래 지속되면 필연적으로 정체기에 들어선다.

이 정체기는 서서히 활력을 빼앗고, 결국 쇠퇴로 이어진다. 따라서 진정한 번영을 위해선 '적당한 결핍'을 유지하는 것이 필요하다. 의도적으로 편안함을 깨뜨리고, 불편한 도전을 삶 속에 주입해야 한다. 이는 마치 근육을 유지하기 위해 계속해서 무게를 올려야 하는 운동 원리와 같다. 만족이 주는 달콤함은 잠깐의 휴식으로 충분하다. 그 달콤함에 오래 머무는 순간, 우리는 보이지 않는 몰락의 길로 들어선다. 결국 포만의 역설을 극복하는 길은 단 하나다. 채우기보다 계속 갈망하는 법을 배우는 것. 그리고 그 갈망이 단순한 더 많이 갖기 욕망이 아니라, 더 깊이 배우고, 더 넓게 나누고, 더 의미 있게 사는 욕망이 되도록 방향을 바꾸는 것이다. 그래야만 우리는 만족 속에서도 다시 출발할 수 있다.

끊임없는 경쟁이 만드는 무감각

우리는 매일 경쟁 속에서 깨어나고, 경쟁 속에서 잠든다. 학교에서 성적을 두고, 직장에서 실적을 두고, 심지어 취미나 외모, SNS의 '좋아요' 개수까지 비교한다. 경쟁은 잠재력을 깨우고 성장을 촉진하는 도구이지만, 그 과정이 끝없이 반복될 때 '욕망의 피로'라는 보이지 않는 병이 서서히 우리 안에 스며든다.

욕망의 피로는 단순히 몸이 지친 상태가 아니다. 더 높은 성취, 더 많은 보상, 더 강한 인정을 갈망하는 과정에서 뇌와 마음이 동시에 소모되며, 어느 순간 아무것도 느끼지 못하는 무감각 상태로 변한다. 처음엔 목표가 우리를 움직이지만, 시간이 지나면 목표가 우리를 잠식한다. 당신은 혹시, 승리나 성취의 순간이 예전만큼 짜릿하지 않은 경험을 한 적이 있는가?

심리학자 허버트 프루이트는 이를 '목표 과부하 증후군(Goal Overload Syndrome)'이라 불렀다. 목표가 많아질수록 도전심보다 피로감이 누적되고, 만족의 순간보다 소진의 순간이 잦아진다. 흥미로운 점은, 승자와 패자 모두 이 피로에서 자유롭지 않다는 사실이다. 승자는 승리를 지키기 위해, 패자는 패배를 만회하기 위해 다시 달려야 한다. 이렇게 양쪽 모두가 멈출 수 없는 구조 속에서 욕망의 피로는 끝없이 확산된다.

뇌과학적으로 경쟁은 강력한 자극이다. 경쟁 순간, 도파민과 아드레날린이 급격히 분비되면서 집중력과 에너지가 폭발적으로 상승한다. 그러나 이 호르몬은 반복될수록 보상 시스템을 둔감하게 만든다. 처음에는 한 번의 승리로 심장이 뛰었지만, 두 번째, 세 번째가 되면 같은 자극에도 반응이 약해진다. 마치 커피를 처음 마실 땐 한 잔으로 각성되지만, 시간이 지나면 그 효과를 느끼려면 더 진한 커피가 필요한 것과 같다. 결국 웬만한 성취에는 감흥이 사라지고, 뇌는 '더 강한 자극'을 갈망하는 악순환에 빠진다.

이 무감각은 개인을 넘어 조직과 사회까지 삼킨다. 실적 경쟁이 치열한 회사는 잠시라도 긴장을 늦추면 도태될 것이라는 공포를 심는다. 직원들은 스스로를 몰아붙이다 번 아웃에 시달린다.

미국 갤럽 조사에 따르면 전 세계 직장인의 76%가 일상적으로 번 아웃을 경험한다고 답했다. 이는 단순히 '힘든 직장 생활'이 아니라, 경쟁 구조 자체가 인간의 뇌를 장기적으로 소진시키는 환경임을 보여준다.

욕망의 피로는 관계 속에도 스며든다. 친구와의 만남조차 비교의 장이 된다. 누가 더 좋은 직장에 다니는지, 누가 더 비싼 집에 사는지, 누가 더 자녀 교육에 성공했는지. 이런 비교는 뇌의 '사회적 서열 회로'를 자극하며, 자신이 낮다고 느낄 때 통증과 같은 신호가 활성화된다. 반대로 우위에 있다고 느껴도 안도감은 오래가지 않는다. 곧바로 그 우위를 지켜야 한다는 압박이 몰려오기 때문이다.

이 무거운 피로는 결국 의욕 상실로 이어진다. 하고 싶어도 마음이 움직이지 않는 상태. 예전엔 가슴 뛰게 했던 취미나 일이 무미건조하게 느껴지고, 삶 전체에 회색 안개가 깔린다. 역사 속에도 이러한 패턴은 많았다. 명나라 말기, 과도한 관료 경쟁과 권력 다툼 속에서 고위 관리들은 정치적 성취에 무감각해졌고, 부패와 무사안일이 번졌다. 결국 국가는 외부 침입 앞에서 속수무책이 되었다.

오늘날에도 비슷한 장면을 본다. 세계 최정상 e스포츠 선수들이 우승 후 몇 년 만에 은퇴하는 이유, 글로벌 CEO들이 최고 실적을 올린 직후 회사를 떠나는 이유, 인기 연예인이 전성기 한복판에서 활동을 중단하는 이유. 그 이면에는 '욕망의 피로'가 있다.

그렇다면 우리는 어떻게 이 악순환에서 벗어날 수 있을까?

첫째, 경쟁의 범위를 줄여야 한다. 모든 영역에서 1등을 하려는 욕망은 스스로를 파괴한다. 진짜 중요한 목표 몇 가지만 남겨야 한다.

둘째, 절대 비교를 버리고 자기 기준을 세워야 한다. 남과의 비교는 끝없는 경주를 낳지만, 자기 기준은 성취 후에도 심리적 피로를 최소화한다.

셋째, 의도적으로 무경쟁 시간을 가져야 한다. 고대 농부가 토지에 휴경기를 두었듯, 인간의 뇌와 마음도 회복 기간이 필요하다.

철학자 한나 아렌트는 "활동 없는 사유는 공허하고, 사유 없는 활동은 소진된다"고 했다. 욕망의 피로를 막기 위해서는 경쟁과 휴식, 성취와 의미를 균형 있게 조율해야 한다. 욕망은 우리를 앞으로 나아가게 하는 엔진이지만, 과열된 엔진은 폭발하기 전에 반드시 식혀야 한다.

결국, 욕망의 피로를 넘어서는 유일한 길은 경쟁의 방향을 바꾸는 것이다. 더 많이 가지기 위한 경쟁이 아니라, 더 깊이 배우고, 더 넓게 나누는 경쟁으로. 그렇게 할 때 우리는 다시, 경쟁을 에너지로 삼을 수 있다. 그리고 그때 비로소, 욕망은 우리를 소모시키는 불이 아니라 평생을 비추는 등불이 된다.

채워도 채워지지 않는 이유

아침 6시, 알람이 울린다. 당신은 오늘도 달려야 한다. 보고서 제출, 미팅, 헬스장, 그리고 집에 돌아와 온라인 쇼핑 장바구니를 채운다. 그런데 하루를 마감하며, 문득 허무가 스민다. '왜 이렇게까지 뛰었을까?' 채운 것 같은데, 마음 한구석이 여전히 비어 있다. 이게 바로 가짜 목표의 덫이다.

인간의 뇌는 목표를 향해 달려가도록 진화해 왔다. 하지만 원시 환경에서 '이 정도면 충분하다'는 만족은 생존에 불리했다. 만족에 오래 머물면 경계심이 풀리고, 경쟁자에게 밀리며, 자원을 놓칠 위험이 커졌다. 그래서 뇌는 보상을 얻으면 곧바로 '적응'을 시작한다. 도파민 분비가 줄고, 만족은 흐릿해지며, 새로운 목표가 필요하다는 경고를 낸다. 현대 심리학에서 이를 '쾌락의 쳇바퀴'라 부른다.

문제는, 이 본능이 현대 사회의 상업 구조와 결합하며 훨씬 교묘해졌다는 점이다. 광고와 SNS, 미디어는 "지금 가진 것으로는 부족하다"는 신호를 끊임없이 보낸다. 당신의 집, 옷, 직업, 심지어 휴가 장소까지 비교의 렌즈로 비춘다. 그래서 우리는 진짜 필요가 아니라 '비교'에서 비롯된 가짜 목표를 좇는다. 이는 새 차를 사고 싶다는 욕망이 사실은 '친구가 바꿨으니 나도 바꿔야 한다'는 압박에서 시작된 경우다.

신경과학 연구는 이 덫의 메커니즘을 명확히 보여준다. 도파민은 목표 달성 '이후'보다 '과정'에서 더 많이 분비된다. 갖기 전의 설렘이, 갖고 난 후의 만족보다 크다. 새 차를 받는 날, 당신은 환하게 웃는다. 그러나 그날 밤, 창밖의 어두운 도로를 보며 속삭인다. "이 차로는 안 될지도 몰라." 그리고 다음 신 모델 광고가 눈에 들어온다.

사회학적으로, 가짜 목표의 덫은 집단 통제를 유지하는 기능을 한다.

고대 사회에서 계급은 고정돼 있었지만, 현대 사회는 "노력하면 더 나아질 수 있다"는 환상을 판다. 그러나 그 '더 나아짐'은 상위 1%의 소비와 생활을 표준처럼 내세운다. 대중은 이를 목표로 삼지만, 도달은 거의 불가능하다. 결국, 대다수는 끝없는 추격만 하도록 설계된 경쟁 구조 속에서 소비와 노동을 반복한다.

이 덫의 가장 큰 함정은, 우리가 스스로 선택했다고 '착각'한다는 것이다. "나는 건강을 위해 운동한다"고 말하지만, 그 동기가 인스타그램 속 몸매 경쟁이나 타인의 시선에서 비롯됐다면, 그것은 이미 가짜 목표다. 달성 후에도 만족은 오래가지 않고, "이 정도로는 부족하다"는 불안이 새 목표를 낳는다.

철학자 에리히 프롬은 이를 '존재의 모드'와 '소유의 모드'로 구분했다.

현대인은 소유 중심으로 기울며, 목표는 존재의 질보다 소유의 양을 늘리는 데 치우친다. 그러나 소유가 늘어날수록 만족이 아니라 피로와 불안이 커진다. 소유를 유지하고 방어하는 데 에너지가 쓰이고, 이는 또 다른 결핍의 시작이 된다.

역사 속에서도 가짜 목표의 덫은 파괴적이었다. 18세기 프랑스 귀족들은 이미 부와 권력을 누렸지만, 더 화려한 패션과 연회를 위해 경쟁했다. 국고는 고갈됐고, 혁명의 불씨는 커졌다. 그들에게 목표는 실현 가능성이 아니라, 목표를 향해 '달리는 기분' 자체였다.

그렇다면 이 덫에서 벗어나는 방법은 무엇일까?

첫째, 목표 점검 실험을 해보라. 내일의 할 일 목록에서 절반을 지우고, 남은 절반에 하루를 걸어본다. 그 과정에서 느끼는 심리 변화를 기록하라. '빠진 목표'가 정말 중요한 것이었는지, 아니면 단순히 익숙한 습관이었는지 드러난다.

둘째, 목표를 '절대 비교'가 아니라 '자기 기준'으로 재설정하라. 외부 시선이 만든 목표는 끝없는 피로만 남긴다.

셋째, 목표의 크기보다 '과정의 성취감'을 높이는 구조를 만들어라. 10kg 감량이라는 최종 목표보다, 매주 1kg씩 줄이며 변화를 즐기는 것이다.

가짜 목표의 덫은 단순한 허황된 꿈이 아니다. 그것은 인간 뇌의 보상 시스템과 사회의 소비 구조가 만든 숙명적 함정이다. 그러나 그 구조를 자각하는 순간, 우리는 달려야 할 길과 멈춰야 할 길을 구분할 수 있다. 욕망의 방향을 바꾸는 순간, 같은 목표도 전혀 다른 의미를 갖는다. 그리고 그때 비로소, 채워도 채워지지 않던 갈증이 조금씩 잦아든다.

- 기억 속의 욕망: 죽은 자의 욕망이 산 자를 움직이는 방식
- 불씨를 다시 살리는 재욕망의 메커니즘: 환경이 심어주는 새로운 결핍

chapter 2

마지막 불씨

죽음 직전까지 꺼지지 않는 원초적 갈망

욕망은 끝나지 않는다. 죽음 직전에도 인간의 뇌는 살아온 순간들을 불러내고, 채우지 못한 갈망을 붙잡는다. 이는 단순한 집착이 아니라, 뇌 속 깊이 새겨진 생존 회로가 마지막까지 작동하는 증거다. 심박이 느려지고 호흡이 얕아지는 순간에도, 우리는 "아직"이라는 신호를 받는다. 그 신호는 미완의 관계, 이루지 못한 꿈, 그리고 다시 한 번 기회를 향한 미세한 전류로 남는다.

욕망은 종종 잠든 듯 보인다. 그러나 그것은 숨을 고를 뿐, 사라지지 않는다. 환경의 변화, 우연한 자극, 혹은 한 장면의 기억이 잠복된 욕망을 다시 깨운다. 오랫동안 잊은 줄 알았던 목표가 갑자기 생생해지는 것은, 욕망이 단절이 아니라 순환의 구조를 갖기 때문이다. 뇌과학은 이를 시냅스의 '휴면 회로'로 설명한다. 쓰지 않는 길도 완전히 사라지지 않고, 조건이 맞으면 다시 연결된다.

심지어 욕망은 죽은 자의 기억 속에서도 산 자를 움직인다. 조상의 미완의 이야기, 남겨진 유산, 유언은 새로운 세대의 목표가 된다. 이것은 단순한 전통의 계승이 아니라, 타인의 욕망이 우리 욕망의 한 부분을 차지하는 심리적 전이 현상이다. 역사 속 복수, 혈통의 명예 회복, 미완의 프로젝트 완성은 모두 '대리 욕망'의 결과다.

환경은 이 재욕망의 불씨를 의도적으로 키우기도 한다. 광고, 미디어, 사회적 비교는 결핍을 재생산하고, 이미 채운 욕망마저 불완전하게 느끼게 만든다. 우리는 끊임없이 새로운 욕망을 심어주는 세계 속에서 살고 있으며, 멈춤은 곧 뒤처짐이라는 압박 속에서 다시 달린다.

인간의 몸이 완전히 무너져가는 순간에도 뇌 속 어딘 가에서는 "아직 끝나지 않았다"는 신호가 마지막까지 발사된다. 마치 꺼져가는 모닥불 속 한 줄기 불꽃이 어둠 속에서 홀로 깜박이는 것처럼, 이 신호는 죽음의 문턱에서도 우리를 되살리려 한다. 이게 바로 원초적 생존 회로다.

신경과학에서 뇌간(brainstem)은 '생명의 마지막 관제탑'이라고 불린다. 대뇌가 의식을 잃고, 소뇌가 조율 능력을 상실한 뒤에도 뇌간은 심장 박동, 호흡, 혈압, 체온 유지 같은 생명 유지 기능을 계속 명령한다. 이 구조는 인류가 출현하기 훨씬 전, 초기 포유류 시절부터 존재해온 원시 뇌다. 진화적으로 볼 때, 뇌간이 멈춘다는 건 '돌아올 수 없는 강'을 건너는 것과 같다.

의학 역사에는 이 생존 회로가 기적을 만든 사례가 수없이 기록돼 있다.

1986년, 노르웨이의 스키 선수 안나 바게르는 빙하 호수에 빠져 80분간 심장이 멈췄다. 그러나 구조대가 체온을 서서히 올리는 '온열 심폐소생술'을 적용하자, 그녀는 의식과 기억을 거의 그대로 회복했다. 의사들은 "뇌간이 완전히 꺼지지 않았기 때문에 가능했던 일"이라고 분석했다. 체온 저하로 대뇌 활동이 중지됐음에도, 뇌간이 최소한의 생존 신호를 유지한 것이다.

이 불씨는 마지막 에너지 동원 효과(last surge effect)로도 나타난다. 사냥감이 된 가젤이 포식자의 턱에서 마지막으로 몸을 비틀어 빠져나오거나, 바다에서 조난당한 사람이 구조선을 발견하자마자 기적적으로 헤엄치는 힘이 생기는 현상이다. 이때 분비되는 아드레날린은 평소의 5~10배, 코르티솔은 3배 이상 폭발적으로 증가한다. 몸속 남은 에너지를 몽땅 긁어모아 "마지막 한 번의 도약"을 가능하게 만드는 것이다.

이 순간을 겪은 사람들은 공통적으로 말한다. "그때는 내가 아니라 무언가가 나를 밀어냈다." 눈앞이 터널처럼 좁아지고, 심장 박동이 북소리처럼 울리며, 세상이 느리게 움직인다. 의식은 거의 사라지지만, 몸은 정확히 어디로 가야 할지를 안다. 불씨가 활활 타오르는 순간이다.

문제는 현대 사회에서 이 생존 회로가 더 이상 사자나 굶주림 같은 물리적 위기만을 대상으로 작동하지 않는다는 점이다. 오늘날 우리의 뇌는 사회적 죽음 직장에서의 해고, 관계의 단절, 명예 실추를 물리적 죽음과 비슷한 위기로 인식한다. 그래서 해고 직전의 직장인이 새벽까지 전략 보고서를 쓰거나, 이혼 위기의 부부가 극적으로 여행을 떠나는 것도 같은 메커니즘이다. 뇌는 '집단에서 배제되는 것'을 곧 생존 위기로 여기고, 마지막 불씨를 살려낸다.

이 불씨는 긍정과 부정, 양면성을 모두 가진다. 긍정적으로는 기적을 만든다. 말기 암 환자들이 남은 날을 걸작 창작에 바치거나, 가족과의 시간을 압축적으로 누리며 삶을 빛나게 하는 경우가 그렇다. 생존 회로가 삶의 의미를 에너지로 전환하는 드문 순간이다. 반대로, 부정적으로 작동하면 집착과 파괴성을 낳는다. 이미 끝난 사업을 되살리려 빚을 더 지거나, 완전히 깨진 관계를 붙잡기 위해 자기 파멸적 행동을 하는 경우다. 이때 본능은 현실 판단을 압도하며, 더 깊은 수렁으로 끌고 간다.

진화심리학자 로버트 트리버스는 "본능의 집요함은 환경이 변해도 쉽게 꺼지지 않는다"고 했다. 원시 시대에는 '끝까지 버티는 것'이 생존 확률을 높였지만, 현대에는 상황에 따라 빨리 놓는 것이 오히려 살아남는 길이 될 때가 많다.

심리학 실험에서도 비슷한 결과가 나타난다. 스탠퍼드 대학의 '위기 지속 실험'에서 참가자들은 가상의 '사회적 배제 게임'에서 마지막 기회를 제시받았을 때, 냉정한 포기를 선택한 비율이 18%에 불과했다. 나머지 82%는 확률이 거의 없는 상황에서도 끝까지 자원을 투입했다. 뇌 영상 촬영 결과, 이때 편도체와 뇌간이 동시에 강하게 활성화됐다. 즉, 감정의 경보 시스템과 생존 회로가 함께 작동한 것이다.

이 불씨를 건강하게 쓰려면, 두 가지 자각이 필요하다.

첫째, 불씨의 출처를 아는 것. 내가 지금 에너지를 쏟는 대상이 실제로 가치 있는 회생 가능성이 있는지, 아니면 단순히 뇌의 '끝까지 버티기' 습관에 불과한지를 구분해야 한다.

둘째, 불씨를 재배치하는 것. 이미 끝난 일이라면, 그 에너지를 새로운 목표나 배움, 창작, 회복 프로젝트로 옮기는 것이다. 이렇게 하면 생존 회로의 불씨는 소모가 아니라 재생의 불꽃이 된다.

죽음 직전까지 꺼지지 않는 불씨는 인간의 위대함이자 비극의 씨앗이다. 우리 조상은 이 불씨로 사막을 건너고, 전장에서 살아남았다. 그러나 오늘의 우리는 이 불씨를 살아남기 위한 발화에서 살아가기 위한 발화로 전환할 수 있는 시대를 살고 있다.

당신은 지금, 그 불씨를 어디에 쓰고 있는가?한 번 묻고, 다시 묻고, 대답이 바뀌지 않는다면 그 방향이 당신의 삶을 불태울 것이다. 불씨는 작지만, 그것이 향하는 곳에 따라 생을 구원할 수도, 태워버릴 수도 있다.

욕망은 끝나지 않는다, 다만 숨을 고를 뿐

욕망은 죽지 않는다. 겉으로 잦아든 듯 보여도, 그 아래서는 여전히 뜨겁게 숨을 고르고 있다. 마치 눈 덮인 화산 속에서 끓어오르는 용암처럼, 조용히 다음 폭발을 준비한다. 우리는 종종 "이제 됐다"는 착각에 빠지지만, 뇌 속 욕망 회로는 결코 완전히 꺼지지 않는다.

심리학자 프레데릭 바틀렛은 이를 '잠복 욕망(latent desire)'이라 불렀다. 욕망은 충족의 순간에도 완전히 소멸하지 않는다. 다만 형체를 바꾼 채 다음 기회를 기다린다. 다이어트를 마친 사람이 몇 달 후 폭식에 빠지거나, 수년간 금연했던 사람이 어느 날 갑자기 담배를 물게 되는 이유가 바로 여기 있다. 욕망은 잠시 숨을 고를 뿐, 기회가 오면 이전보다 더 빠르고 강하게 깨어난다.

뇌과학적으로, 이는 보상 회로(reward circuit)의 속성 때문이다. 목표를 이루는 순간 도파민은 급격히 줄어든다. 그러나 이 시스템은 '성취를 오래 음미하는 것'이 아니라 '다음 자극을 찾는 것'에 특화돼 있다. 마치 사냥에 성공한 맹수가 고기를 다 먹기도 전에 사냥터를 다시 훑는 것처럼, 인간의 뇌는 다음 먹잇감을 스캔한다. 이 과정에서 과거 욕망은 완전히 사라지지 않고, '쾌락의 경로'로 기억 속에 저장된다. 조건만 맞으면 불씨에 산소가 공급되듯 즉시 되살아난다.

역사는 잠복 욕망이 어떻게 거대한 변화를 일으켰는지를 잘 보여준다. 로마의 율리우스 카이사르는 갈리아를 정복한 후 잠시 멈춘 듯 보였지만, 곧바로 로마 내전이라는 더 큰 전장으로 달려갔다. 그의 권력욕은 꺼진 것이 아니라, 다음 폭발을 위해 응축된 상태였다.

20세기 억만장자 하워드 휴즈도 항공과 영화 산업에서 정상에 오른 뒤 은둔에 들어갔으나, 결국 '통제 욕망'이라는 새로운 불씨로 자신의 고립된 제국을 구축했다.

우리 주변에서도 이런 패턴은 끝없이 반복된다. 대기업 임원이 승진 직후 "이제 충분하다"고 말해도, 몇 달 지나지 않아 더 높은 자리와 영향력을 노린다. 명문대에 자녀를 입학시킨 부모도 곧 '졸업 후 좋은 직장'이라는 다음 목표를 세운다. 욕망은 달성의 순간에 죽지 않는다. 다른 얼굴을 쓰고 다시 찾아온다.

진화심리학은 이 현상을 '욕망의 순환 구조'로 설명한다. 원시 인류가 생존을 위해 끊임없이 먹이를 찾고, 더 나은 거처와 안전한 무리를 찾아다닌 본능이 오늘날까지 남아 있는 것이다. 한 번의 성취에 만족했다면, 다음 계절의 겨울을 견디지 못했을 것이다. 과거에는 이 순환이 생존을 보장했지만, 현대에서는 과잉 목표와 번 아웃을 유발한다.

문제는 억눌린 욕망이 돌아올 때 훨씬 강력해진다는 점이다. 심리학 연구에 따르면, 강한 억제는 욕망을 없애기보다 '반동 효과(boomerang effect)'를 만들어 폭발력을 키운다. 절제의 기간은 긴장과 결핍을 압축시키고, 돌아올 때 이전보다 더 강한 파괴력을 행사한다. 도박·중독·집착 관계에서 이 현상은 극적으로 나타난다.

그렇다면 우리는 어떻게 해야 할까. 선택지는 두 가지다.

첫째, 욕망을 완전히 없애려는 싸움을 계속하다 지치는 길.
둘째, 욕망이 재발할 것을 전제로 그 방향과 강도를 설계하는 길.

현명한 사람들은 두 번째를 택한다. 운동선수는 은퇴 후 경쟁 본능을 새로운 분야로 옮기고, 창작가는 한 작품이 끝나자마자 다음 프로젝트를 준비한다. 욕망의 불씨를 안전한 벽난로 속에 가두는 것이다.

철학자 니체는 말했다.

> "인간은 목표를 이루면 죽는다. 그러므로 그는 계속 새로운 목표를 만들어야 한다."

그러나 니체가 간과한 건, 그 힘이 외부 자극만이 아니라 뇌 속 깊은 원초적 회로에서 비롯된다는 점이다. 욕망은 심리적 현상만이 아니라 수백만 년 진화가 남긴 생존 장치다.

욕망은 우리의 적이자 동반자다. 그것을 잘 다루면 길을 밝히는 등불이 되지만, 통제하지 못하면 우리를 집어삼키는 화염이 된다. 중요한 건, 그 불씨가 다시 깨어날 때를 읽고, 그것을 어디에 쓸지 미리 정하는 일이다.

결국 욕망은 사라지지 않는다. 다만 숨을 고를 뿐이다. 그 숨 고르는 찰나를 어떻게 사용할지, 그 불씨를 어떤 불꽃으로 키울지는 전적으로 우리의 선택에 달려 있다.

죽은 자의 욕망이 산 자를 움직이는 방식

사람이 죽으면 육신은 흙으로 돌아가지만, 그가 품었던 욕망은 끝나지 않는다. 그것은 말과 표정, 습관과 유품, 그리고 남겨진 이야기 속에서 살아남아, 마치 보이지 않는 손처럼 산 자의 삶을 이끈다. 때로는 이 힘이 유언보다 강하게, 계획보다 집요하게 작용한다. 그 불씨는 세월이 흐를수록 약해지기는커녕, 오히려 새로운 세대의 가슴속에서 더 크게 타오르기도 한다.

뇌 과학은 이를 이렇게 설명한다. 인간의 뇌는 사랑하고 존경하던 사람의 욕망을 '내 것'처럼 내면화하는 성질이 있다. 부모의 가치관, 스승의 신념, 동료의 꿈이 반복적으로 노출되면, 우리의 거울 뉴런이 반응한다. 이는 타인의 행동을 직접 경험하는 것처럼 뇌를 활성화시키는 신경세포다. 가까운 사람이 세상을 떠난 후에도 그의 욕망은 '대리 경험'의 기억으로 우리 안에 남아, 우리가 살아가는 방식과 목표를 재설계한다.

역사는 죽은 자의 욕망이 살아 있는 자의 발걸음을 어떻게 바꾸는지 수없이 증명했다.

알렉산더 대왕은 아버지 필리포스 2세의 미완의 정복 계획을 완성하기 위해 제국의 전쟁을 이어갔다. 그는 살아있는 자신의 야망만이 아니라, 죽은 아버지의 불씨를 등에 지고 달린 셈이었다.

마틴 루서 킹 주니어가 암살된 뒤, 미국의 인권 운동은 잠시 멈추는 듯했지만, 그의 미완의 연설과 비전이 전 세계 시민의 마음에 각인되며 오히려 더 거세졌다. 죽은 자의 욕망은 무덤 속에서 사라지지 않고, 산

자의 피 속을 달리기 시작했다.

문화와 예술에서도 이 현상은 뚜렷하다. 반 고흐는 생전에 가난과 고독 속에서 외면 받았지만, 그의 '빛과 색채의 해방'이라는 욕망은 후대 화가들의 붓끝에서 폭발했다. 쇼팽의 미완성곡은 제자와 후대 작곡가들이 완성했고, 그 과정에서 쇼팽이 의도했던 감정과 아름다움은 세기를 건너 계속 울려 퍼졌다. 죽음은 그의 손을 멈췄지만, 그의 욕망은 멜로디 속에서 계속 숨을 쉬었다.

심리학에서는 이를 '유산된 목표(legacy goals)'라고 부른다. 연구에 따르면, 사람들이 세상을 떠난 인물의 목표를 '내가 이어받았다'고 믿을 때, 그 목표를 향한 집중력과 지속력은 배가된다. 특히 부모·연인·스승처럼 정서적으로 강하게 연결된 존재일수록 이 효과는 폭발적이다. 욕망의 주체가 사라져도, 그 목표는 여전히 살아 있는 심리적 실체로 작동하는 것이다.

이런 욕망의 계승은 가문의 역사 속에서 더욱 선명하다. 대대로 이어온 사업이나 사명을 '가문의 명예'라는 이름으로 지키는 집안들. 그 명예의 핵심에는 조상의 욕망이 깃들어 있다. 독립운동가의 후손들이 지금도 역사 교육과 기념사업을 이어가는 이유, 그 속에는 선대의 미완의 꿈과 절박한 소망이 살아 있다.

그러나 죽은 자의 욕망이 언제나 축복이 되는 것은 아니다. 그것은 때때로 후손과 제자에게 무거운 족쇄가 된다. "아버지가 못 이룬 꿈을 반드시 완성하겠다"는 결의가, 자기 파괴적 집착으로 변하는 경우가 있다. 가업을 이어야 한다는 압박이 개인의 삶을 잠식하거나, 이미 시대에 맞지 않는 목표를 억지로 붙잡는 일도 발생한다. 심리학은 이를 '내면화된 타인의 기대'가 만드는 압박이라고 부른다. 욕망의 계승이 발전이 아니라 정체와 소모를 낳을 때다.

그럼에도 인간은 죽은 자의 욕망을 쉽게 외면하지 못한다. 진화적으로도, 집단의 생존을 위해 중요한 기술과 목표를 다음 세대에 전달하는 성향은 선택되어 왔다. 선조의 욕망은 단순한 기억이 아니라, 집단의 DNA와 문화 코드에 각인된 생존 전략이었다.

우리는 때로 죽은 자의 욕망을 빌미로 스스로를 설득한다. "그분이 원했으니까", "그 뜻을 이어야 하니까." 이 명분은 순수한 헌신일 수도, 혹은 자기 욕망을 정당화하는 방패일 수도 있다. 동기가 무엇이든, 그 힘은 현실을 바꾸는 원동력이 된다.

결국, 죽은 자의 욕망은 주인을 잃어도 사라지지 않는다. 그것은 다른 몸을 찾아 산 자의 길을 밝히거나, 그 길을 가로막는다. 중요한 것은, 우리가 그것을 무비판적으로 따를지, 아니면 시대와 상황에 맞게 재해석할지를 선택하는 일이다. 욕망은 무덤에서 끝나지 않는다. 그것은 다음 사람의 심장에서, 또 다른 여정을 시작할 뿐이다.

불씨를 다시 살리는 재욕망의 메커니즘

욕망은 잦아드는 듯하지만, 언제나 잔불처럼 남아 있다. 오히려 미묘한 자극 하나에 다시 불타오른다. 마치 꺼진 장작더미 속에 남아 있던 잔불이 한 줄의 바람에 재 점화되듯, 우리의 욕망도 환경이 만들어내는 새로운 결핍 앞에서 되살아난다. 그리고 이 재점화는 이전보다 더 강렬한 화염이 된다.

심리학에서는 이를 '재욕망 회로(rekindled desire loop)'라고 부른다. 뇌는 한 번 경험했던 쾌락이나 성취감을 잊지 않는다. 특정한 냄새, 장소, 목소리, 심지어 날씨 같은 외부 단서가 과거의 만족 경험을 떠올리게 만들면, 뇌 속 도파민 경로가 활성화된다. 이때 활성화된 도파민은 "그걸 다시 가져야 한다"는 강한 신호를 보내며, 이미 잠든 줄 알았던 욕망을 깨운다.

이렇게 금연에 성공한 사람이 어느 날 술자리에서 담배 연기를 맡는 순간, 예전의 흡연 쾌감이 생생하게 되살아난다. 다이어트를 끝낸 사람이 한 번의 치팅데이를 가진 뒤, 다시 폭식의 유혹에 빠지는 것도 같은 원리다.

환경이 '결핍'을 인위적으로 심어주면, 뇌는 그 결핍을 채우려고 본능적으로 움직인다. 이 현상은 진화생물학적으로도 설명된다. 고대 인류는 한때 가졌던 자원, 풍부한 먹거리, 안전한 거처, 성공적인 사냥터를 기억하고, 그 환경을 다시 만나면 적극적으로 자원을 확보하려는 경향이 있었다. 이는 불확실한 생존 조건 속에서 '좋았던 때를 재현'하는 전략이었다. 그래서 욕망은 단순히 현재의 필요만이 아니라, 과거의 경험과 연결되어 작동한다.

사회적 환경은 이 재 욕망 메커니즘을 더욱 정교하게 자극한다.

현대 마케팅은 우리가 잊고 있던 욕망을 끄집어내는 기술에 능하다. SNS에서 떠오르는 여행 사진, 광고 속 첫사랑을 떠올리게 하는 음악, 패션 브랜드의 '레트로' 캠페인이 모든 것은 뇌 속의 기억 창고를 열어, 과거의 결핍과 쾌감을 동시에 꺼낸다. 그 순간 우리는 스스로도 모르게 "다시 가져야 한다"는 열망에 사로잡힌다.

정치나 종교도 이 원리를 이용한다. 한 시대의 번영이나 평화를 강조하며 "그 시절을 되찾자"라는 구호를 내세운다. 사람들은 실제로 그 시절을 살았든 아니든, 집단적 기억과 스토리에 감정적으로 동화된다. 그 결과, 현실보다 과거의 이미지에 기반한 욕망이 재점화된다.

미국의 'Make America Great Again'이나, 한국의 특정 정치 세력이 과거 정부 시절을 이상화하는 전략이 대표적이다. 이 메커니즘의 무서운 점은 환경이 심어주는 결핍이 반드시 '실질적 부족'일 필요가 없다는 것이다. 이미 충분히 가진 상태에서도, 비교와 과거 회상이 결핍감을 만들어낸다. SNS에서 친구의 성공 소식을 본 순간, 우리는 이전에는 없었던 욕망을 느끼기 시작한다. 단지 누군가의 집, 직업, 외모를 봤을 뿐인데, 그 전에는 필요 없었던 무언가가 갑자기 '꼭 가져야 하는 것'이 된다.

신경과학자들은 이를 상대적 결핍(relative deprivation)이라 부른다. 절대적 부족이 아닌, 주변 환경과의 비교가 만들어내는 심리적 공허감이다. 이 결핍은 뇌 속 보상 시스템을 자극하며, 과거의 욕망 불씨에 산소를 공급한다.

그러나 재욕망은 반드시 파괴적인 것만은 아니다. 긍정적으로 활용되면, 침체된 동기를 깨우고 새로운 도전을 가능하게 한다. 과거의 실패를 떠올린 사람이 "이번에는 반드시 해낸다"는 결심으로 재도전하는 것도 재욕망의 힘이다. 기업가가 한 번의 파산을 겪은 후 다시 성공하는 경우, 예술가가 슬럼프를 딛고 명작을 완성하는 경우 모두 여기에 해당한다.

문제는 환경이 이 메커니즘을 악용할 때다. 도박 산업은 의도적으로 '거의 이긴 듯한 경험'을 반복시켜, 과거의 승리 쾌감을 기억 속에 각인시킨다. 이 기억은 현실에서의 손실에도 불구하고 계속 재도전을 부추긴다. 쇼핑몰은 '한정판', '재 입고 알림' 같은 장치를 통해 인위적인 결핍을 조성하고, 소비자의 뇌가 그 공백을 메우려 움직이게 한다.

결국 욕망의 불씨는 결코 완전히 꺼지지 않는다. 환경은 그 불씨에 바람을 불어넣어 다시 타오르게 만들고, 우리는 그것을 새로운 목표라 믿으며 달려간다. 하지만 그 불씨가 과거의 그림자를 불러오는 것인지, 미래를 위한 진짜 불씨인지는 구분해야 한다. 그렇지 않으면, 우리는 과거의 유령이 심어놓은 결핍 속에서 끝없이 돌고 도는 쳇바퀴를 벗어나지 못한다.

욕망을 다스린다는 것은, 단지 현재의 욕망을 억누르는 것이 아니다. 환경이 만드는 인위적 결핍과, 그 결핍이 불러오는 재욕망의 메커니즘을 이해하고 경계하는 것이다. 불씨는 꺼지지 않는다. 다만, 우리가 그것을 어디로 옮겨 붙일지 선택할 수 있을 뿐이다.

욕망의 불씨, 끝과 그 이후 인간의 뇌는 우리가 의식적으로 "이제 됐다"고 말하는 순간에도 여전히 신호를 보낸다. 심장이 마지막 박동을 향해 느려지고, 폐가 공기를 끌어들이는 힘을 잃어도 시상하부와 변연계의 깊은 회로는 생존 명령을 놓지 않는다. 꺼져가는 모닥불 속 작은 불씨가 스스로 바람을 끌어들이듯, 우리의 갈망은 마지막 순간까지 불을 붙인다. 이것은 단순한 '살고 싶다'는 본능을 넘어선다. 죽음 직전에도 사람들은 채우지 못한 무언가를 떠올린다. 미뤄둔 고백, 끝내 읽지 못한 책, 가보지 못한 길. 생존 욕구와 미완의 욕망은 같은 회로를 공유하며, 도파민 시스템은 의식이 희미해지는 순간에도 "다음"을 향해 나아가라는 추진력을 발화한다. 남극의 혹한 속에서도 귀향 후 첫 식사를 상상했던 섀클턴, 전쟁 포로수용소에서 강가의 낚시를 약속하며 버틴 사람들은 몸이 아니라 마지막 불씨로 생존했다.

이 불씨는 진화의 산물이다. 마지막 기회를 찾는 개체만이 살아남았고, 우리는 그들의 유전자를 물려받았다. 그래서 불치병 판정을 받은 사람도 새로운 치료법을 찾고, 불가능해 보이는 계획을 세운다. 때로는 이 불씨가 평온한 죽음을 방해하지만, 바로 이 집착이 인류를 재난과 전염병, 전쟁과 기근 속에서도 완전히 무너지지 않게 했다.

욕망은 개별 생명을 넘어 역사와 문명을 만든다. 한 세대의 갈망이 도시를 세웠고, 또 다른 세대의 갈망이 그 도시를 무너뜨렸다. 과학은 욕망이 뇌와 유전자의 생존 메커니즘이라고 설명하지만, 역사는 욕망이 방향을 잃으면 파멸로 이어진다고 증명해 왔다. 더 많이, 더 크게, 더 오래라는 확장 본능은 결국 우리 자신을 소진시킨다.

그렇다고 욕망을 부정할 수는 없다. 욕망은 꺼지지 않는 불씨이자 변화와 진보의 원동력이다. 문제는 어디에 그 불씨를 쓸지에 달려 있다.

욕망을 억누르면 다른 방식으로 폭발하고, 자각하고 다스리면 파괴가 아니라 창조의 불꽃이 된다. 비교가 아니라 기준에서, 과시가 아니라 창조에서, 쾌락이 아니라 의미에서 출발하는 욕망은 나를 성장시키고 타인을 돕게 하며, 세대를 넘어 지속되는 가치를 남긴다.

욕망은 끝나지 않는다. 다만 숨을 고를 뿐이다. 그 불씨가 다시 타오를 때, 우리는 어떤 세상을 만들 것인가. 역사는 욕망을 좇는 자는 많지만, 욕망을 다스린 자는 드물다고 말한다. 그러나 바로 그 드문 사람들이 인류의 미래를 바꾸었다. 당신의 욕망은 오늘 어디로 향하고 있는가. 그리고 그 불씨가 꺼진 후, 무엇을 남길 것인가.

chapter 3

욕망 이후의 세계

욕망이 사라진 사회의 얼굴

욕망이 완전히 사라진 사회를 상상해보자.

아침 해가 도시를 비추지만, 사람들은 서두르지 않는다. 알람 소리에 몸을 일으키는 대신, 눈이 저절로 떠질 때까지 기다린다. 출근길에 쫓기듯 걷는 사람도, 횡단보도 앞에서 초조하게 신호를 기다리는 사람도 없다. 지하철은 절반쯤 비어 있고, 사람들의 표정에는 긴장감이 없다. 거리의 간판은 나무판에 간결하게 가게 이름만 새겨져 있으며, 화려한 광고판은 사라졌다. 그 자리는 계절 소식, 날씨, 공공행사 안내문이 차분하게 채우고 있다.

사람들은 필요한 만큼만 생산하고 소비한다. 공장은 하루 몇 시간만 가동되고, 남는 시간은 각자의 취미나 가족, 친구와 보내는 시간이 된다. 승진 제도는 사라졌고, 직급 차이도 없다. 대부분의 재산 규모는 비슷하고, 집과 마을의 시설 수준도 큰 차이가 없다. 부유층과 빈곤층이라는 개념 자체가 희미해졌다.

처음 이 사회를 바라보면, 이상향에 가까운 평화가 느껴진다. 범죄율은 낮고, 사람들의 목소리에는 날 선 기운이 없다. 시험 점수로 아이들을 줄 세우는 학교도 없고, 직장에서의 경쟁도 없다. 사람들은 서로를 평가하지 않으니, 타인의 시선에 위축되는 일도 없다. 모든 것이 균형을 이루고, 겉으로는 문제가 없다.

하지만 시간이 지나면서 이 고요함은 다른 얼굴을 드러낸다. 변화의 속도가 점점 느려지고, 새로운 발명과 창의적인 시도는 줄어든다. '이 정도면 됐다'는 말이 일상 속에서 자주 등장한다. 오래된 건물은 그대로 남고, 불편한 구조물은 개선되지 않는다. 상점의 진열대는 수년째 같은 물건으로 채워져 있고, 기술과 제품의 품질은 발전하지 않는다.

역사 속에서도 욕망을 억누른 사회는 비슷한 결말을 맞았다.

중국 명 말기, 수백 년의 번영 후 사회는 강력한 유교 규율로 사람들의 욕망을 억눌렀다. 사치와 경쟁은 죄악시되었고, 주어진 역할에 순응하는 것이 미덕이었다. 그러나 외부 세계에서 새로운 사상과 기술이 유입되자, 사회는 빠르게 균열이 생겼다. 억눌린 상상력은 위기 앞에서 창의적인 해법을 찾지 못했다. 명나라는 결국 내부 부패와 외부 침략 앞에 무너졌다.

조선 후기 역시 마찬가지였다. 권력층은 체제를 유지하기 위해 사대

부들의 욕망을 제도 속에 가두었고, 농민과 상인의 경제 활동은 억제됐다. 기술과 상업 발전은 정체되었으며, 외국과의 무역이나 신기술 노입에도 소극적이었다. 결국 서구 열강과 일본의 새로운 세계 질서 앞에서 손을 쓸 수 없었다. 군사력의 부족보다 치명적이었던 것은 변화에 도전하는 정신 자체가 사라진 것이었다.

현대에도 이러한 '욕망 부재의 부작용'은 조용히 나타난다. 북유럽 일부 국가에서는 높은 복지와 평등한 분배가 삶의 질을 높였지만, 동시에 '성취 욕구의 약화'라는 문제를 안았다. 경쟁 압박이 적어 삶이 안정된 대신, 창업률과 혁신 속도가 낮아지고, 젊은 세대가 '도전보다 안전'을 선택하는 비율이 증가했다. 소련 후기 또한 비슷한 길을 걸었다. 개인의 부와 성취욕을 억제한 계획경제는 단기간의 안정과 균등을 만들었지만, 결국 기술 혁신과 생산성이 떨어지면서 국가 전체가 경직됐다.

욕망이 사라진 사회에서는 불만이 줄어든다. 하지만 불만이 줄어드는 만큼, 변화에 대한 열망도 함께 줄어든다. 불편을 감수하며 새로운 길을 찾으려는 시도는 점점 사라지고, 기존의 틀은 그대로 유지된다. 새로운 도전은 '위험한 것'으로 간주되고, 변화를 꾀하는 사람은 주변에서 뜨거운 지지를 얻지 못한다.

이 모습은 자연 생태계와도 닮았다. 흐르던 강물이 막혀 호수가 되면 처음에는 잔잔하고 아름답지만, 시간이 지나면 산소가 줄어들고 물은 탁해진다. 물고기 수가 줄고, 다양한 생물이 떠나며, 결국 생명력이 상실된다. 욕망이 사라진 사회도 마찬가지다. 겉보기에는 평화롭지만 내부에서는 활력과 생명력이 점점 줄어든다.

심리학적으로 인간은 목표를 향해 나아갈 때 가장 강한 동기와 창의성을 발휘한다. 대부분의 목표는 욕망에서 비롯된다. 물질적 욕구든 비물질적 욕구든, 무언가를 더 얻고 싶다는 마음이 행동을 이끈다. 이를 완전히 억누르면 단기적으로는 안정이 오지만, 장기적으로는 무기력과 무관심이 사회 전반에 퍼진다.

욕망이 사라진 사회에서는 협력조차도 동기가 약해진다. 공동의 목표를 향해 나아가야 할 절박함이 사라지기 때문이다. 누군가 새로운 시도를 제안해도 돌아오는 대답은 "그럴 필요가 있나?"다. 혁신은 사라지고, 보수적인 유지가 원칙이 된다.

결국 욕망은 위험과 가능성을 동시에 품은 불씨다. 지나치면 탐욕이 되어 사회를 무너뜨리지만, 완전히 꺼버리면 사회를 정체시키고 외부 도전에 무력하게 만든다. 우리가 배워야 할 것은 욕망을 없애는 법이 아니라, 그 불씨를 어떻게 다스릴 것인가다. 잘 다루면 추운 밤을 밝히고 따뜻하게 하지만, 방치하면 모든 것을 태운다.

욕망이 사라진 사회의 얼굴은 매혹적이다. 그러나 오래 바라볼수록 그 안에서 사라진 활력과 잊힌 도전의 빛을 보게 된다. 그리고 우리는 묻게 된다.

> "그렇다면 욕망을 완전히 버리지 않으면서, 어떻게 더 나은 세상을 만들 수 있을까?"

욕망을 대체하는 가치

당신이 매일 아침 눈을 뜨는 이유는 무엇인가. 출근길 지하철 안, 손에는 커피가, 머릿속에는 오늘 처리해야 할 업무가 떠오른다. 그런데 문득 이런 질문이 스친다. "내가 지금 이렇게 달리는 이유는 뭘까?" 승진? 연봉? 안정? 아니면 그저 어제와 같은 하루를 버티기 위해서일까.

대부분은 욕망이 이유다. 더 나은 자리, 더 많은 수입, 더 넓은 집. 욕망은 사람을 앞으로 밀어준다. 그러나 그 욕망이 사라지면 어떻게 될까? 앞 장에서 우리는 욕망이 사라진 사회의 얼굴을 봤다. 활기는 줄고, 도전은 멈추고, 고요함 속에서 생명력은 서서히 사라진다.

그렇다면 욕망 없이도 계속 앞으로 나아갈 수 있는 길은 없는 걸까? 있다. 심리학과 사회학, 그리고 수많은 인간 경험이 같은 답을 가리킨다. 의미, 연결, 창조. 이 세 가지가 있으면 욕망이 줄어든 자리에도 여전히 추진력이 흐른다. 의미는 방향을 주고, 연결은 지탱하는 힘을, 창조는 나아갈 이유를 준다. 욕망이 단기적 불꽃이라면, 이 셋은 꺼지지 않는 등불이다. 그리고 이 등불이 켜질 때, 욕망은 더 이상 탐욕으로 번지지 않고 성장을 비추는 빛이 된다.

욕망은 인간을 앞으로 밀어주는 불씨다. 그러나 그대로 두면 불길이 되어 삶을 그을리고, 꺼뜨리면 방은 금세 얼어붙는다. 불씨를 빛으로 바꾸려면 방향과 동료와 놀이가 필요하다. 그 세 가지가 의미와 연결과 창조다. 이 셋이 자리를 잡으면 욕망은 더 이상 타인을 밀어내는 힘이 아니라 함께 걸음을 재촉하는 에너지로 바뀐다. 삶은 빠르기만 한 질주가 아니라 멀리 가는 장정이 된다.

의미는 왜라는 질문에 답한다. 아침에 눈을 뜨게 만드는 이유, 실패에도 다시 일어서게 하는 근거, 혼자 있을 때도 흔들리지 않게 해주는 중심이 의미다. 급여가 같아도 어떤 사람은 퇴근 후에도 일을 생각하고, 어떤 사람은 시계를 보며 하루를 버틴다. 차이는 기술이 아니라 목적에 있다. 자신이 하는 일이 자신보다 큰 무언가로 이어진다고 믿을 때 사람은 견딘다.

간호사는 야간 근무의 피로를 환자의 회복으로 상쇄하고, 교사는 시험 성적이 아닌 한 아이의 표정 변화에서 보상을 받는다. 의미는 자신과 세계를 잇는 다리다. 내가 오늘 하는 행동이 내일의 누군가를 살릴 수 있다고 확신할 때 심장은 오래 달린다.

연결은 나와 너 사이에 놓인 보이지 않는 안전망이다. 번화한 도심 한가운데에서도 사람은 고립될 수 있다. 메신저 창은 가득해도 마음을 털어놓을 창은 비어 있곤 한다. 반대로 작은 마을이라도 서로의 일에 귀를 기울이는 곳에서는 삶이 견고해진다. 재난이 닥치면 연결의 가치가 더 선명해진다. 전기가 끊기고 물류가 막히면 국가의 계획보다 먼저 이웃의 손이 도착한다. 그 손이 뜨겁고 빠르다. 연결은 효율의 계산으로 설명되지 않는다. 신뢰는 느리게 축적되지만 한번 쌓이면 위기에서 가장 빠른 해답이 된다. 회사에서도 마찬가지다. 상사가 내 성과 표만 보는 조직과 동료가 내 삶의 배경을 아는 조직은 전혀 다른 속도로 회복한다. 실패가 낙인이 아닌 학습이 되는 곳, 질문이 약점이 아닌 협력의 신호가 되는 곳, 그곳이 연결이 살아 있는 조직이다.

창조는 권태를 이기는 놀이다. 거창한 특허와 명작만 창조가 아니다. 한 끼 식탁을 새롭게 차리는 방법, 같은 데이터를 다른 관점으로 배치하는 도구, 낡은 공정을 한 단계 줄이는 아이디어도 모두 창조다.

창조는 스스로에게 허락하는 작은 실험에서 시작된다. 완벽을 미뤄두고 먼저 해보는 용기가 필요하다. 실패는 손실이 아니라 연료다. 실패 뒤에 찾아오는 깨달음은 다음 시도의 비용을 낮춘다. 창조가 생활이 되면 사람은 스스로에게 놀라운 동맹이 된다. 자신의 하루를 스스로 흥미롭게 만드는 능력이 생기기 때문이다. 권태가 줄어들면 중독의 유혹도 약해진다. 새로운 것의 흥분이 아니라 만들며 자라는 기쁨이 마음을 채운다.

의미와 연결과 창조는 한 줄로 묶이면 더 멀리 간다. 의미만 있으면 방향은 있으나 발걸음이 무겁다. 연결만 있으면 따뜻하지만 속도가 느리다. 창조만 있으면 흥분되지만 금세 지친다. 셋을 엮으면 강해진다.

도시의 기후 위기를 줄이려는 동네 프로젝트를 떠올려보자. 의미가 목표를 세운다.

우리 아이가 숨 쉬는 공기를 개선하겠다는 단순하고 선명한 약속이다. 연결이 사람을 불러 모은다. 퇴근 후 한 시간씩 모여 골목의 배수로를 정비하고 나무를 심는다. 창조가 방식을 바꾼다. 스마트 플러그와 센서를 붙여 에너지 사용 데이터를 시각화하고, 아이들과 함께 소음 지도를 만든다. 이때 욕망은 배척할 대상이 아니다. 더 많은 사람을 참여시키고 싶다는 열망, 이 프로젝트를 도시의 표준으로 만들고 싶다는 포부는 공동체의 추진력이 된다. 욕망이 목표를 삼키지 않도록 셋이 균형을 잡아준다.

한 사람의 이야기로 바꿔보자. 과장 승진을 몇 번 놓치며 의욕을 잃은 사람이 있다. 그는 퇴근 후에도 업무를 붙잡고 있었지만 성과는 늘 비슷했고, 자기평가는 점점 낮아졌다. 어느 날 그는 질문을 바꿨다. 더 높은 자리 대신 더 깊은 일. 그가 선택한 것은 신규 입사자들을 위한 내부 강의였다. 자료를 만들고, 실제 사례를 정리하며 그는 자신의 십 년이 누군가의 첫 해에 도움이 된다는 사실을 깨달았다. 의미가 생기자 연결이 따라왔다. 수강생들이 질문을 보내오기 시작했고, 팀의 다른 선배들도 콘텐트를 나누었다. 자연스럽게 창조의 시간이 열렸다.

강의는 문서에서 영상으로, 실습으로, 사내 해커톤으로 확장됐다. 그의 연봉은 큰 폭으로 오르지 않았지만 일의 만족은 눈에 띄게 높아졌다. 그는 그제야 알았다. 자신이 원한 것은 사실 권력이라기보다 영향력이었다는 것을. 욕망이 다른 모양으로 자라난 순간이었다.

조직과 시장의 언어로도 설명해보자. 단기 이익에 몰두한 회사는 욕망의 속도만 사용한다. 매 분기 실적을 위해 비용을 깎고 광고를 늘리지만 고객의 삶은 변하지 않는다. 반대로 의미 기반의 회사는 고객이 진짜로 원하는 변화를 정의한다. 연결을 통해 내부와 외부의 장벽을 낮추고, 창조의 실험실을 일상으로 만든다. 이 문화에서 탄생한 제품은 광고보다 추천으로 퍼진다. 성장 곡선은 늦게 시작하지만 길고 견고하다. 위기가 오면 차이가 더 커진다. 욕망만으로 움직여온 조직은 목표가 사라지는 순간 방향을 잃지만, 의미와 연결과 창조로 달려온 조직은 목표가 변해도 존재 이유가 남아 있어 다시 일어선다.

개인에게 필요한 것은 거창한 결심이 아니라 작고 반복 가능한 설계다. 하루에 한 번 내가 하는 일을 한 문장으로 설명해본다. 그 문장이

나를 넘어 타인에게 닿을 때 의미가 분명해진다. 일주일에 한 번 도움을 주고받을 사람을 정해 연락한다. 커피 한 잔이면 충분하다. 한 날에 한 번 결과와 무관한 시도를 예약한다. 완성보다 시도가 목표인 날을 캘린더에 적는다. 이 세 가지 습관이 쌓이면 욕망은 방향을 얻고, 관계는 온기를 얻고, 일상은 새로움을 얻는다.

결국 인간은 더 많이 가지려는 존재가 아니라 더 잘 이어지고 더 깊게 만들려는 존재다. 소유는 한계가 있지만 의미는 확대되고, 연결은 나눌수록 강해지고, 창조는 할수록 늘어난다. 욕망은 이 세 축 위에서야 비로소 어른이 된다. 경쟁의 연료에서 협력의 에너지로, 소비의 불꽃에서 성장의 불빛으로 성격이 바뀐다. 내 안의 불씨가 타인을 데우는 난로가 되는 순간, 우리는 욕망 이후의 세계를 눈앞에서 경험한다.

다음 질문이 남는다. 그렇다면 욕망을 이렇게 다른 모양으로 키운 개인의 삶은 실제로 충만해질 수 있는가. 소유를 줄이고도 풍요를 느낄 수 있는가. 승진을 미뤄도 성장을 체감할 수 있는가.

우리는 곧 확인하게 된다. 욕망을 없애려 하지 않고 다스려서 방향을 바꾼 사람의 일상이 어떤 질감으로 변하는지, 그 삶이 어떻게 타인을 끌어당기는지, 그리고 그 끌림이 다시 의미와 연결과 창조를 증폭시키는 선순환을 어떻게 만드는지. 여기가 문턱이다. 지금 이 불씨로 건너가자. 지금

욕망 없는 개인의 삶은 가능한가

당신이 매일 아침 눈을 뜨는 순간, 머릿속에 가장 먼저 떠오르는 건 무엇인가. 오늘 처리해야 할 업무? 오늘 입금될 돈? 아니면 "오늘 하루 무사히만 지나가면 좋겠다"는 바람? 혹시 이런 생각이 스쳐 간 적이 있는가. "그냥 다 내려놓고, 아무것도 원하지 않는 평온 속에서 살면 어떨까?"

그 상상은 피로한 마음에 달콤하게 스며든다. 야근과 경쟁, 비교와 불안에서 벗어나 조용한 시골집에서 살며, 하루에 한 번만 장을 보고 나머지 시간은 책을 읽거나 정원을 가꾸는 삶. 창문 너머로 바람이 들어오고, 세상과의 모든 경쟁에서 물러나 있는 자신을 그려본다. 욕망을 버린 그곳에는 분명 평화가 있을 것 같다. 그러나 그 평화는 오래 지속될까?

명상가와 수도자는 욕망을 버린 삶의 상징처럼 보인다. 그러나 그들의 마음속에도 분명한 욕망이 있다. 깨달음에 도달하고 싶은 욕망, 신과 더 가까워지고 싶은 욕망, 완벽한 평정심을 얻고 싶은 욕망. 세속적인 것에서 정신적인 것으로 대상이 바뀌었을 뿐, 욕망 자체가 사라진 것은 아니다.

심리학자들은 단언한다. 욕망이 완전히 사라진 인간은 생물학적으로 존재할 수 없다고. 배고픔, 안전, 애정, 성취감 모두 형태만 다른 욕망이다. 욕망을 없애겠다는 것은 결국 생존 본능의 스위치를 꺼버리는 것과 같다. 다만 욕망을 무작정 좇는 대신, 의식적으로 선택하고 재설계하는 것은 가능하다.

그 변화를 실제로 선택한 사람들이 있다. 한 대기업 부장은 승진을 앞두고 회사를 떠났다. 이유를 묻자 그는 이렇게 말했다. "더는 보고서로 평가받고 싶지 않았어요. 대신 사람들의 얼굴을 보며 일하고 싶었죠." 그는 해안가 작은 마을에서 게스트하우스를 열었다. 수입은 줄었지만, 매일 바다를 바라보며 여행객들의 이야기를 듣고 기록한다. 그 바쁨은 스스로 선택한 것이기에 지치지 않는다.

반대로, 한 프리랜서 사진가는 '도시를 떠나면 행복해질 것'이라 믿고 시골로 이사했다. 그러나 몇 달 후 그는 다시 도시로 돌아왔다. 조용함과 여유는 있었지만, 그는 사진을 통해 세상과 연결되고 싶다는 자신의 욕망을 억눌러 버린 채 떠났던 것이다. 억눌린 욕망은 강물 속 돌 처럼 잠시 가라앉을 수는 있지만, 물살이 변하면 언제든 다시 드러난다.

두 사람의 차이는 분명하다. 한 사람은 욕망을 버린 것이 아니라 방향을 바꿨고, 다른 한 사람은 욕망을 억눌렀다. 억눌린 욕망은 결국 형태를 바꿔 돌아오고, 그때는 더 거칠고 다루기 어려워진다. 중요한 건 무엇을 원하지 않을 것인가가 아니라, 무엇을 원할 것인가를 다시 결정하는 일이다.

그렇다면 욕망을 재설계하려면 어떻게 해야 할까.

첫째, 욕망을 인식하라. 무심코 쫓는 것들을 관찰한다. 세일 중이라는 이유로 장바구니에 넣는 물건, 타인의 승진 소식에 움찔하는 감정, 휴일에도 메일을 확인하게 만드는 불안. 이런 순간들을 적어두면 패턴이 보인다.

둘째, 욕망을 정렬하라. 내 가치와 맞는 욕망만 남기고 나머지는 버린다. 어떤 욕망은 타인의 시선에서, 어떤 욕망은 과거의 상처에서 비롯된다.

셋째, 욕망을 경영하라. 단기 쾌락보다 장기 만족을 선택하는 훈련이다. 새 스마트폰보다 배우고 싶은 기술 강의를 선택하는 식이다. 당장의 흥분은 줄지만 만족은 오래간다.

욕망을 재설계하는 과정은 마치 배의 조타수가 바람과 파도를 읽으며 항로를 수정하는 것과 같다. 바람을 없앨 수는 없다. 하지만 돛을 조정해 바람을 최대한 유리하게 이용할 수는 있다. 조타수가 없는 배는 바람에 휘둘리다 암초에 부딪히지만, 방향을 잡는 손이 있다면 먼 바다도 건널 수 있다.

이렇게 조율된 욕망은 삶의 질을 높인다. 에너지가 분산되지 않고, 소수의 목표에 집중할 수 있기 때문이다. 집중은 곧 성취를 낳고, 그 성취는 자신과 주변 모두에게 안정과 신뢰를 준다. 사람들은 무의식적으로 '욕망을 관리하는 사람'에게 끌린다. 그들의 삶은 마치 일정한 속도로 흐르는 강물처럼 예측 가능하면서도, 곳곳에 작은 폭포와 굽이쳐 흐르는 흥미가 있다.

결국 욕망 없는 개인의 삶은 존재하지 않는다. 다만 욕망의 노예로 살 것인가, 욕망의 주인으로 살 것인가는 선택할 수 있다. 욕망은 나침반이 될 수도, 족쇄가 될 수도 있다. 방향을 잡으면 항로가 되고, 놓치면 표류가 된다.

다음 절에서 우리는, 이렇게 재설계된 욕망이 개인을 넘어 문명 전체를 어떻게 바꿀 수 있는지를 살펴볼 것이다.

욕망을 넘어선 문명의 진화

역사는 늘 욕망을 연료로 달려왔다. 더 멀리 가고 싶다는 마음이 바다를 건너게 했고, 더 많이 가지려는 의지가 산을 뚫고 철도를 놓게 했다. 그러나 속도는 방향을 보장하지 않는다. 우리가 배운 가장 비싼 교훈은 이것이다. 속도가 최고조에 이를수록 제동과 조타가 더 정교해야 한다는 것. 지금 인류는 가속의 정점에서 서서히 방향을 묻고 있다. 이 물음에 답하지 못하면, 다음 세대는 우리가 남긴 속도 때문에 벽에 먼저 충돌할 것이다.

문명은 오랫동안 결핍을 상대로 싸웠다. 먹을 것이 부족하니 씨앗과 강우를 계산하는 농업이 태어났고, 노동력이 모자라니 증기와 전기가 움직이는 공장이 세워졌다. 공간이 모자라니 도시를 위로 쌓아 올렸다. 결핍이 확실한 나침반이던 시절에는 욕망이 곧 해답이었다. 더 많이, 더 빨리, 더 크게. 그런데 자동화와 인공지능이 필수적인 필요의 대부분을 충족시키는 문턱을 넘자 질문이 바뀌었다. 무엇을 위해 살 것인가. 무엇을 남길 것인가. 누구와 어디까지 함께 갈 것인가.

미래의 욕망은 과거와 결이 다르다. 타인을 밀어내고 얻는 욕망에서, 서로를 끌어올려야만 도달 가능한 욕망으로 변하고 있다. 달의 기지와 화성의 거주지는 한 나라의 트로피가 아니라 인류의 긴급 피난동이며, 사막을 숲으로 되돌리는 프로젝트는 기업의 연례보고서가 아니라 세대 간 계약이다.

우리는 이제 혼자 이길 수 없는 목표들 앞에 서 있다. 우주, 기후, 전염병, 데이터 윤리, 이 모든 주제는 협력형 욕망 없이는 접근조차 할 수 없다.

욕망을 재구성한 문명은 제도를 바꾼다. 승자독식의 설계를 공존 설계로, 단기 실적의 관성을 장기 생존의 회계로, 자원 약탈의 경제를 순환의 경제로 돌린다. 소유의 총량이 곧 힘이던 시대에서, 접근과 공유의 범위가 진짜 힘이 되는 시대로 이동한다. 지식은 벽 안에 가두는 순간 늙기 시작하고, 열린 순간부터 연결을 통해 성장한다. 우리가 쓰는 도로와 전기, 데이터와 공기까지도 '함께 쓸수록 좋아지는 공공재'로 설계할 때, 욕망은 서로를 소모하지 않고 서로를 증폭시킨다.

역사는 방향을 바꾼 욕망에게 더 긴 수명을 허락했다. 로마는 정복의 깃발을 접고 통합의 토목을 깔면서 제국을 수세기 연장했다. 반대로 금과 은의 무게만 늘리던 제국은 자원 고갈과 내부 불평등의 균열로 빠르게 부서졌다. 욕망의 크기가 운명을 가른 것이 아니라, 욕망의 방향이 운명을 갈랐다. 이 사실을 미래의 언어로 번역하면 이렇다. 데이터의 양이 아니라 데이터로 무엇을 협동해 해결하는가, 자본의 규모가 아니라 자본이 어떤 시간을 길게 세운가.

기술은 욕망의 증폭기다. 문제는 증폭기 자체가 아니라, 어떤 신호를 증폭하느냐다. 인공지능은 인간의 수고를 덜어줄 수도 있고, 탐욕의 자동화를 만들 수도 있다.

우리가 선택하는 프롬프트가 문명의 성격을 바꾼다. 노동이 자동화될수록 일의 목적은 더 선명해져야 한다. 생계를 위해 어쩔 수 없이 하던 일을 기계가 맡는 순간, 인간에게 남는 질문은 하나다. 무엇을 위해 내 하루를 쓰겠는가. 급여가 아니라 기여가, 직무가 아니라 사명이, 직급이 아니라 영향이 진짜 동기가 된다면, 욕망은 방향을 얻고 속도는 낭비되지 않는다.

문명의 성숙은 욕망을 제거하는 데 있지 않다. 아이가 불을 만질 때 우리는 불을 치우지 않는다. 대신 성냥을 쥐는 법, 거리 두는 법, 냄비를 덮는 법을 가르친다. 불은 위험하지만, 불 없는 밤은 더 위험하다. 욕망도 그렇다. 다만 불을 요리와 난방과 등불로 쓰도록 배우듯 욕망을 돌봄과 회복과 확장에 쓰는 기술을 익혀야 한다. 회복은 파괴의 반대말이 아니다.

회복은 파괴 이후의 더 높은 질서다. 무너진 숲을 복원하는 것은 과거로 돌아가는 일이 아니라, 더 복잡하고 탄력적인 생태를 설계하는 일이다.

문명의 욕망이 이 수준으로 도약할 때 우리는 비로소 '성장'이라는 낡은 단어에 새로운 의미를 부여하게 된다.

우리는 이미 여러 번의 예행연습을 경험했다. 전 세계가 동시에 백신을 개발하고 배포하던 시간, 누군가는 특허를 양보했고 누군가는 생산설비를 전환했다. 대양을 건너는 해류처럼 보이지 않는 협력이 지구를 한 바퀴 돌아 위기를 낮췄다. 또 어느 도시는 기후 위기를 이유로 도심의 차로를 줄이고 사람의 길을 넓혔다. 처음에는 불편과 반발이 있었지만, 몇 해 지나 그 도시는 더 안전하고 더 건강한 도시로 통계가 증언했다. 느리게 가는 것이 곧 뒤처지는 일이 아니며, 오래 가는 것이야말로 앞서는 일이라는 사실을 우리는 그때 배웠다.

이제 문제는 의지다. 욕망을 재구성할 언어를 만들고, 그 언어를 제도와 문화로 번역할 용기. 정부는 규칙을 바꿔야 하고, 기업은 회계의 시간 축을 바꿔야 하며, 개인은 일상의 우선순위를 다시 적어야 한다. 오늘의 장바구니와 일정표 속에서 내 욕망의 방향을 알 수 있다. 내가 돈을 쓰는 곳, 시간을 쓰는 곳, 주의를 쓰는 곳이 내 욕망의 좌표다. 좌표를 조금만 옮겨도 항로는 크게 달라진다. 배는 항구를 떠날 때 이미 도착지를 정한다. 지금의 미세한 각도 조정이 십 년 뒤의 대륙을 바꿀 것이다.

우리가 바꿔야 할 측정의 눈금도 있다. 수치가 삶을 대체할 때 문명은 길을 잃는다. 국내총생산이 오르면 행복도 자동으로 오르던 시대는 지났다. 우리는 이제 다른 계기를 필요로 한다. 도시의 어린이가 하루에 보는 하늘의 시간, 어르신이 혼자 식사하지 않는 날의 비율, 직장인이 한 해에 창의적 시도를 위해 허락받는 시간, 실패를 안전하게 공유한 횟수 같은 새로운 지표들. 이런 숫자는 화려하지 않지만 방향을 바꾸는 나침반이 된다. 측정이 바뀌면 보상이 바뀌고, 보상이 바뀌면 욕망이 바뀐다.

교육 역시 욕망의 구조를 바꾼다. 시험 점수와 입시를 둘러싼 경쟁이 전부였던 교실이 문제 해결, 공동 창작, 지역 돌봄으로 무게 중심을 옮기면 아이들의 욕망이 달라진다. 남보다 빨리 푸는 학생이 주인공이 아니라, 서로의 생각을 연결해 더 큰 답을 만드는 학생이 주인공이 된다. 학교가 실수의 위험을 낮추는 실험실이 될 때 도전은 특기가 아니라 일상이 된다. 그 아이들이 사회로 나갈 때 문명은 이미 다른 엔진을 장착한 셈이다.

도시는 가장 큰 무대다. 보행이 차보다 빠른 구역을 늘리고, 물을 머

금는 토양을 회복시키며, 지붕을 태양과 식물로 덮는 도시. 출퇴근의 피로를 줄이는 대신 동네에서의 체류 시간을 늘리는 도시. 그곳에서 시장은 주말 장터만이 아니라, 시간과 재능이 거래되는 공정 플랫폼으로 확장된다. 사람들은 물건을 덜 사지만 더 오래 쓰고, 덜 버리지만 더 잘 고친다. 수리는 가난의 징표가 아니라 자부심의 표식이 된다. 이런 도시에서 욕망은 사치의 속삭임이 아니라 배움의 초대장이 된다.

문화와 예술은 욕망의 상상력을 키운다. 드라마와 소설은 누구를 이겨 유명해지는 이야기 대신, 함께 실패하고 함께 다시 일어서는 서사를 더 자주 보여줄 필요가 있다. 무대 뒤의 스태프가 주인공이 되는 다큐멘터리, 동네 합창단이 도시를 바꾸는 기록, 작은 책방이 이웃의 삶을 다시 연결하는 크라우드 펀딩의 연대기. 이런 이야기들이 많아질수록, 우리 각자의 욕망도 다른 모양으로 자란다. 상상력이 바뀌면 시장도 뒤따라 바뀐다.

그리고 무엇보다, 책임을 개인의 도덕 감정에만 맡기지 말자. 제도는 사람보다 오래가고, 습관은 제도보다 오래간다. 탄소에 가격을 매기고, 데이터에 권리를 부여하며, 기본 서비스에 접근권을 보장하는 정책은 선의에 기대지 않는 구조적 해법이다. 선한 사람이 선한 일을 하기 쉬운 환경, 나쁜 유혹이 애초에 이익이 되지 않는 설계. 이것이 문명 차원의 조타다. 욕망은 구조를 닮아가고, 구조는 다시 욕망을 빚는다.

우리가 지금 여기서 내리는 작은 선택들이 거대한 곡선을 바꾼다.

오늘 밤 휴대폰 화면을 잠시 내려놓고 아이에게 별자리를 보여주는 일, 출근길 한 정거장을 걸으며 동네 빵집 주인의 안부를 묻는 일, 회사에서 한 사람의 실패를 지켜내기 위해 회의의 규칙을 바꾸는 일. 이런 선택은 통계에 잡히지 않지만, 다음 세대의 감각을 바꾼다. 그 감각은 다시 제도를 바꾼다. 그리고 제도는 역사를 바꾼다.

끝으로, 기억하자. 길 위에서 우리는 늘 두 가지 유혹과 마주한다. 지금 당장의 박수, 그리고 오래 뒤의 감사. 문명이 성숙해질수록 박수는 줄고 감사는 는다. 우리는 어느 쪽을 택할 것인가.

마지막으로 남는 것은 다음 세대에 대한 약속이다. 우리는 별을 올려다보던 아이들이었다. 어느 날 어른이 되었고, 이제는 별빛이 아니라 스마트폰 화면을 더 오래 본다. 그럼에도 별은 우리를 기다린다. 별은 서두르지 않지만 포기하지도 않는다. 우리가 올려다볼 때마다 같은 자리에서 방향을 가리킨다.

우리의 욕망이 그 별을 더 뚜렷하게 보이게도, 더 보이지 않게도 만든다. 하늘은 늘 그 자리에 있지만, 우리의 눈이 탁해지면 하늘이 없는 줄 착각할 뿐이다.

이 책을 덮는다고 질문이 끝나는 것은 아니다. 오히려 지금부터가 시작이다. 내 삶의 일을 '더 많이'에서 '더 깊이'로, 내 관계를 '더 넓게'에서 '더 서로에게'로, 내 성취를 '혼자의 기록'에서 '함께의 기록'으로 옮겨 적는 일. 오늘의 결정을 내일의 아이가 읽을 수 있도록, 우리는 문장 하나하나를 조심스럽게 써 내려가야 한다.

욕망을 다루는 손이 미숙하면 기록은 쉽게 찢기고, 손이 성숙하면 기록은 오래 남는다. 그러니 이 불을 버리지 말자. 다만 다른 용기에 담자. 더 오래 타고, 더 멀리 비추고, 더 많은 손을 덥히는 방식으로. 우리가 함께 들고 가야 할 것은 횃불이 아니라 등불이다.

횃불은 누군가를 향해 휘둘러야 빛나지만, 등불은 가까운 얼굴들을 환히 비춘다. 등불을 잇는 사람들이 늘어날수록 길은 스스로 밝아진다. 그 길은 하나의 영웅이 아닌 여럿의 평범한 발걸음으로 완성된다.

우리는 알고 있다. 욕망은 버려야 할 불이 아니라 길을 밝힐 불이라는 것을. 그 불이 어디를 비출지는 아직 미정이고, 그 미정이야말로 우리의 자유다. 별자리는 고정되어 있어도 항로는 고정되어 있지 않다.

바람은 늘 바뀌지만, 조타수의 마음은 바뀌지 않는다. 이제 각자의 키를 잡자. 오늘의 미세한 각도로 내일의 바다를 결정하자.

당신의 방향이 우리의 방향이 되고, 우리의 항로가 다음 세대의 지도가 될 것이다. 이 문장을 마지막으로 남긴다. 지금, 여기서, 우리가 욕망을 다시 설계하면, 역사는 다시 우리를 설계할 것이다.

맺는말

불씨를 품고 살아간다는 것

욕망은 우리의 그림자다. 빛이 있는 한 그림자는 사라지지 않듯, 살아 있는 한 욕망도 꺼지지 않는다. 그것은 때로 우리를 번 아웃과 파멸로 몰아넣지만, 또 때로는 가장 절망적인 순간에 다시 일어서는 힘이 된다.

우리가 살아온 길을 돌아보면, 모든 성취의 뒤에는 '한 걸음 더' 나아가고자 했던 불씨가 있었다. 돌을 갈아 거울을 만들었던 집념, 깊은 밤을 지새우며 새로운 세계를 그리고자 했던 열망, 누구도 가보지 않은 길을 열었던 도전. 이 모든 것이 결국 욕망의 다른 이름이었다.

그러나 욕망은 방향을 잘못 잡으면 독이 된다. 비교에서 비롯된 결핍,

과시에서 시작된 경쟁, 의미 없는 확장 욕구는 스스로를 소진시키고 타인을 해친다. 역사는 이를 수없이 증명해왔다. 그래서 중요한 것은 욕망을 없애는 것이 아니라, 그 불씨를 어디에 붙일지 선택하는 일이다.

당신 안에도 지금 작은 불씨가 남아 있다. 그것이 잠시 숨을 고르고 있다 해도, 언젠가 바람을 만나 다시 타오를 것이다. 그 순간, 그 불씨가 세상을 더 밝히는 빛이 될지, 아니면 자신과 주변을 태우는 불길이 될지는 오직 당신의 선택에 달려 있다.

욕망은 끝나지 않는다. 다만 숨을 고를 뿐이다. 그리고 그 다음 숨에서, 우리는 또 다른 이야기를 시작한다.